부모가
변해야

아이가
바로
선다

부모가
변해야
아이가
바로
선다

가족의
가치
되찾기

찰스 소피 지음 · 권은경 옮김

 북스힐

차례

추천의 글 • 6
서론 • 9

1부 리셋 버튼 찾기

1장 새로운 시각으로 부모하기 • 25

2장 자신을 바꿔라, 아이를 바꿔라 • 41

3장 마음의 짐 이해하기 • 56

4장 위험한 역학 관계 • 70

5장 양육 방식 이해하기 • 91

2부 가족의 가치 실행하기

6장 SWEEP • 111

7장 가족사진의 다섯 가지 필수 요소 • 130

8장 소통하기와 관계 맺기 • 149

9장 아이에게 가장 중요한 역할 모델 • 163

10장 자신 있고 능력 있는 아이로 키우기 • 173

3부 새로운 시작과 새로운 검사

11장 협상과 동기부여 · 187

12장 변화하는 가족 · 202

13장 자주 묻는 질문들 · 221

결론 · 241

감사의 글 · 250

찰스 소피 박사가 『부모가 변해야 아이가 바로 선다』를 쓴 것은 그
가 진심으로 '가족을 가치 있게' 생각하기 때문이다. 그는 가족이 우
리 삶을 통틀어 가장 소중하고 결정적인 측면이라 믿으며, 이 세상
에서의 성공을 평가하는, 그리고 평가해야 하는 잣대라고 인식한다.

　우리 모두는 아이들이 가능한 모든 면에서 잘 자라고 성공하기
를 바란다. 『부모가 변해야 아이가 바로 선다』는 그런 부모의 기대
가 실현될 수 있도록 도와줄 것이다. 왜냐하면 당신과 당신의 가족
은 분명 그럴 자격이 있기 때문이다. 건강하고 행복하며 각자가 제
역할을 다하는 가족, 그런 가족이 누릴 수 있는 그 모든 좋은 일들
은 결코 '남의 이야기'가 아니다. 텔레비전이나 영화 속에서만 보고
듣는 이야기가 아니다. 그런 멋진 일들이 '당신'과 '당신의 가족'에
게도 일어날 수 있으며, 소피 박사는 당신이 이를 인식하고 마음속
깊이 이해하며 이 정당한 권리를 점진적으로 되찾을 수 있도록 돕
는다.

　소피 박사는 부모가 '아이'가 아닌 '어른'을 키우고 있는 것이며,
'아이는 지금 이 순간에도 그의 미래가 되어 가고 있다'는 것을 잘

이해하고 있다. 그래서 이 힘든 여정을 함께하는 우리 모두에게 친근한 동네 이웃 '찰리'가 되어 준다. 그는 신이 당신에게 내려 준 부모의 본능을 바탕으로 더욱 발전하는 법을 알고 있으며, 당신이 부모의 역할을 제대로 해낼 수 있도록 돕고자 한다. 가장 중요한 것은 당신이 '듣고 싶어 하는' 말 대신 '들어야 하는' 말을 알려 주기 위해 애쓰고 있다는 사실이다.

소피 박사는 언제나 명백한 진실을 쓰고 말하지만, 나는 아직 한 번도 그가 누군가를 비난하는 것을 본 적이 없다. 이 책에서도 당신을 탓하는 말은 한마디도 찾을 수 없을 것이다. 분명 당신은 부모의 역할을 훌륭히 해내고 있을 테지만, 소피 박사는 반드시 지켜야 할 양육 방법들을 좀 더 포괄적으로 이해하도록 해 준다. 또한 확실한 결과를 근거로 제시하여 효과가 없는 방법을 바꾸기 위한 영감을 얻을 수 있다.

무엇보다도 그는 이 사실을 진심으로 이해하고 있다. 부모 역할이 절대 쉽지 않으며, 이 세상은 우리가 자랄 때와 완전히 다르다는 사실 말이다. 팬데믹 이후의 세상은 소셜 미디어가 지배하고, 아이를 키우기에는 많은 위험이 도사리고 있는 숨 가쁜 환경이다. 무시무시하게 들리겠지만 그게 사실이다. 세상 밖은 힘들다. 간신히 생계를 유지하고 살든 고급 주택에 살든 중요하지 않으며, 어떤 가족도 문제를 피해 갈 수 없다. 이런 환경 속에서 소피 박사는 다양한 범위에 두루 걸쳐 부모들이 직면하고 있는 문제를 해결해 왔다. 현실주의자인 그는 부모의 말이 아이의 귀에 들리는 유일한 소리가 아니라는 사실을 잘 알고 있기 때문에, 부모의 말이 아이가 듣는

'최고의' 소리가 되는 데에 집중하고자 한다. 그는 당신이 어디에 있든, 어떤 판단이나 설교와 비난 없이 그저 동반자로 당신을 대할 것이다.

『부모가 변해야 아이가 바로 선다』는 단지 한 권의 책이 아니라 완벽한 부모 역할 지침서이다. 당신은 아마 첫 번째 책을 닳도록 봐서 또 한 권을 사야 할지도 모른다. 이 책은 실천할 수 있는 방법으로 가득하며, 당신을 깜짝 놀라게 할 몇 가지 기술을 발견할 수도 있다. 아이에게 수용, 영속성, 아이다울 수 있는 자유가 얼마나 필요한지 알게 될 것이며, 어떻게 그런 중요한 요소들을 당신이 지켜 나갈 수 있는지 정확히 배우게 될 것이다. 또한 매우 놀랍게도, 소피 박사는 이 책을 읽는 '당신', 즉 엄마와 아빠가 활기를 되찾을 수 있도록 매우 애쓰고 있다. 이 모든 지식, 기술, 노력은 당신이 어깨에 짊어진 부담을 크게 덜어 낼 것이고, 덕택에 당신은 마음속에서 느낀 그대로, 즉 기쁨, 사랑, 자신감으로 가족을 이끌 수 있을 것이다.

나의 소중한 친구이자 동료인 찰스 소피 박사와 그의 저서 『부모가 변해야 아이가 바로 선다』와 함께 떠나는 당신의 여정이 벌써 흥분되고 기대가 된다.

_필 맥그로 박사

서론

축하한다. 당신은 지금 당신이 항상 원해 왔던 안전하고, 사랑이 넘치며, 즐겁고, 영속적인 가족을 이루는 데 필요한 마지막 책을 막 펼쳤다. 이제 곧 당신은 당신이 바라고 또 되어야 하는 상태로 안내하는, 당신부터 시작해 가족 모두를 이끌 수 있는 도구들을 얻게 될 것이다. 당신이 이 도구들을 익혀서 실행에 옮기는 순간 내가 일자리를 잃게 될 수도 있겠지만, 당신의 가족이 안정되고 서로 신뢰하며 발전하는 상태가 될 수 있다면(그렇게 될 것이다) 그보다 더 나를 만족시키는 일은 없을 것이다.

나는 찰스 소피 박사이고, 미국 최대의 아동 복지 시스템인 로스앤젤레스 카운티 아동가족서비스국DCFS의 전 의료 책임자다. 지금껏 나는 아이의 안전이나 행복이 의심스러울 때, 경찰이 개입해야 할 때, 아이가 위험에 처한 사실이 분명할 때 투입되었다. 상황이 정말 악화됐을 때 사람들이 의지하는 역할이라 할 수 있다.

또한 나는 성인, 아동, 다양한 유형의 가족을 치료하는 개업의다. 가정의학과, 정신건강의학과, 소아청소년 정신건강의학과의 세 분야에서 전문의 자격을 보유하고 있다. 모든 연령대의 환자를 정신 건강의 측면은 물론 일반 의학의 측면에서도 다루고 있으며, 상황을 평가하고 아이들을 다시 정상 궤도에 올려놓기 위한 계획을 수립하기 위해 종합적인 접근 방식을 택한다. 가족이 직면한 문제들을 정확히 찾아내고, 오늘은 별문제가 없어 보이지만 내일이면 터져 버릴 수도 있는 일을 예측하며, 각 가족 구성원과 가족 전체를 안전과 건강과 행복으로 이끌 로드맵을 제시하는 게 내 일이다.

나는 한 가족을 만나면 모든 것을 조사한다. 반항하는 아이를 보든, 불안감에 힘겨워하는 10대를 만나든, 어찌할 바를 모르는 부모나 진지하게 인생 행로를 변경할 필요가 있는 가족 전체를 상담하든, 삶의 모든 측면을 살펴보고 다룬다. MRI 촬영 지시부터 심리검사와 혈액검사 그리고 모낭을 현미경 아래에 넣는 일까지, 정서적·심리적·신체적 측면 등을 합친 모든 요소를 검토한다. 환자의 말과 행동을 겉으로 드러난 대로만 받아들이지 않고, 전반적인 면에서 이해한 뒤 진단하고 지시사항을 권고한다. 아이가 로스앤젤레스 카운티 아동가족서비스국의 주목을 받게 되면, 나는 그 아이의 가족, 아동 복지 시스템, 다수의 다른 공공기관이나 민간단체와 협력하여 아이를 만난다. 많은 경우, 아이는 물론 그 가정의 다른 아이들과 어른들에게도 상담 권유를 한다. 가족 전체를 치료하면 각 가족 구성원이 발전하는 데 필요한 안정감을 얻을 수 있으며, 그것은 결국 가족의 힘을 보장하기 때문이다. 요점은 어떤 가족 체계가 얼마나 강한지는 가장 약한 구성원을 보면 알 수 있고, 해야 할 일이 있을 때는 아무도 예외가 될 수 없다는 것이다.

내가 개입해야 하는 문제나 마음의 상처가 항상 겉으로 드러나는 것은 아니다. 좋은 의도를 가진 부모조차 아이의 가장 기본적 욕구 중 하나인 안정감을 제공하는 데 소홀해질 때가 많다. 또 단순 보살핌 같은 가정의 기본적 요소에서 비롯되든, 예측할 수 있는 체계, 나이에 알맞은 규칙, 명확한 기대에서 비롯되든, 모든 아이는 영속성을 간절히 원하며 이를 보장받을 자격이 있다. 안정감과 영속성은 아이 그리고 솔직히 말해서 가족 전체가 안전하다고 느끼게 하는 기본 요소다.

문제는 많은 사람이 인격 형성기에 이 본질적인 요소들을 제공받지 못했고, 어린 시절에 맞닥뜨린 이런 문제들이 오랫동안 우리에게 영향을 끼쳤다는 점이다. 그 결과 우리는 아이에게 적절하고 충분히 제공할 수 있는 도구나 본보기가 될 만한 기술을 가지고 있지 않다. 아이에게 부정적인 영향을 줄 수 있는 상황을 이해하거나 다루지 못하고, 심지어 정확히 확인할 수도 없다. 여기가 바로 내가 개입할 지점이다. 다행히도 어린 시절에 직면한 문제가 무엇이었든, 당신은 여전히 '당신의' 아이들에게 더 잘할 수 있다. 성장 배경이나 현재 상황이 어떻든 당신의 가족에게는 희망이 있다. 어쩌면 당신은 이런 질문을 나에게 던질 수도 있다. "정말 확실한가요? 만약 너무 늦었고 이미 부모 역할을 모두 망쳐 버렸다면 어떻게 하죠?" 걱정할 필요 없다. 너무 늦지 않았고 절대 그런 일은 없다. 그리고 지금까지 무슨 잘못을 했든, 부모라면 누구나 마찬가지다. 잘못을 인정하고 그로부터 배워서 더 잘할 방법을 배우면 된다.

지금까지 나는 드라마에서나 있을 법한 매우 심각하고 복잡한 가족 문제를 다뤄 왔다. 또한 하루하루 할 수 있는 최선을 다하지만 여전히 이런저런 시련을 겪는 많은 가족을 만났다. 모든 경우에 우리는 기본부터 시작하게 될 것이다. 아무리 삶이 복잡하고 가족의 역학 관계가 정상이 아니라고 느껴질지라도, 헤쳐 나갈 안전하고 건강한 방법은 언제나 있기 마련이다. 극복할 수 없어 보이는 장애물에 부딪히고 총체적 난국에 처한 가족들을 도왔듯이, 이제 당신을 모든 단계에서 도울 것이다.

나는 힘든 상황에 놓인 당신 곁에 있으며, 우리는 이 상황을 함께 헤쳐 나갈 수 있다. 이 책을 쓰는 나에게도 16세 아들이 있다. 부모 역할이 얼마나 힘들고 복잡할 수 있는지 너무 잘 알고 있다는 얘기다. 내게도 그런 적이 있었고 지금도 그러하니 말이다. 다행히 난 의사와 부모 역할을 둘 다 하면서 깨달음을 얻었고 아동 복지 시스템의 경험까지 더해져 그야말로 드물게 폭넓은 관점을 지니게 되었다. 4만 명 이상의 가족과 함께하며 그 모든 역할을 동시에 수행한 나와 비슷한 경험을 한 사람은 아무도 없기 때문에 나는 그만큼 전문적인 조언을 할 수 있다고 자신한다. 그러니 안심하고 받아들이기를 바란다.

내가 이 책을 쓰기 시작한 것은 무수히 많은 면에서 우리의 삶에 충격을 준 코로나19가 대대적으로 유행했을 무렵이었다. 그전부터 새로운 부모 역할을 제시하고 이를 활용하는 방법을 정리한 책을 쓰려고 구상 중이긴 했지만, 이를 서둘러 실천에 옮긴 건 팬데믹이 강타하면서 그 필요성이 훨씬 다급해졌기 때문이다.

물론 미국 사회는 팬데믹 훨씬 이전부터 걱정스러운 경향을 보이고 있었다. 2007년에서 2019년 사이에 미국에서는 불안이나 우울증을 앓거나 둘 다 겪고 있는 청소년이 13~15% 증가했다고 보고되었다. 같은 기간에 자해를 비롯한 다양한 정신 건강의 이유로 응급실을 찾은 숫자 역시 증가했다. 2007년에서 2018년까지 자살률은 60%나 급증했다. 미국의 10대는 침묵 속에서 행동을 통해 절규하고 있었다. 그런데 그 절규는 코로나19가 유행하는 동안 더 커지고 말았다.

팬데믹은 아무도 대응할 생각조차 못한 사회적 고립, 상실, 복잡한 문제들을 초래했다. 온라인 수업은 매우 많은 면에서 실패했고, 가정 내 폭력은 2배가 되었으며, 전 세계에서 불안과 우울증이 25%까지 증가한 사실을 보여 주는 자료가 지금 우리에게 있다. 대부분의 가정에서 팬데믹은 그들이 이미 지니고 있던 문제를 악화시켰고, 또한 이전에는 없었던 어려움을 한 겹 더했다.

우리 모두, 특히 아동과 청소년 자녀들이 팬데믹 기간 내내 견뎌야 했던 고립은 반드시 치유되어야만 하는 깊은 상처를 남겼다. 따라서 당신과 당신의 가족이 어떻게 서로에게 돌아가는 길을 찾을 수 있는지에 대해 내가 아는 지식과 경험을 나누는 것, 즉 단순히 팬데믹 이전으로 돌아가는 것이 아니라 모두가 번성할 수 있는 훨씬 더 강하고 안전한 기초를 세우는 일이 그 어느 때보다 중요해졌다. 이에 나는 당신과 당신의 아이들 옆에 서서 그 엄청난 충격에서 벗어나 앞으로 나아가는 과정을 함께하고자 한다.

부모, 교육자, 의료 전문가, 정신건강의가 가정 안팎에서 마주하는 모든 아이에게 세심하게 관심을 기울이는 것이 극히 중요하다. 일상에서 발생하는 자녀의 모든 변화, 특히 정상적인 생활의 중단이나 고립은 즉시 다루어져야 할 위험신호이다. 이에 이 책은 부모와 아이, 가족이 일상에서 경험하는 상황을 평가하고 검토할 수 있도록 간단하지만 매우 효과적인 도구들을 제공한다. 이 평가 도구들은 아이의 행동이 나이에 알맞은 범주에 속하는지 확인하고, 부모가 행동에 나서야 할 때를 주의 깊게 살필 수 있게 해 줄 것이다. 또한 바로잡아야 하는 부분을 강조하고 이를 개선하기 위한 효과적인 방법을 함께 소개한다.

이 모든 게 쉽지는 않겠지만 틀림없이 할 수 있는 일이다. 가장 중요한 것은 최선을 다하겠다는 다짐이며, 온갖 일이나 요구로 인해 자주 방해받을지라도 전념해야 한다. 당신에게는 이미 또 다른 필수 요소인 아이에 대한 사랑과 헌신이 있다. 하지만 당신이 아이에게 영향을 주는 유일한 존재는 아니므로, 좋은 의도만으로 문제가 해결되지 않음을 인정해야 한다. 오늘날 세계의 상황을 고려해 볼 때, 당신은 아이의 삶에 영향을 주는 '가장 중요한' 원천이 될 수 있도록 노력할 필요가 있다.

우리는 넘쳐나는 정보와 끊임없이 이어지는 콘텐츠에 둘러싸여 있기 때문에, 아무리 열심히 노력하더라도 아이가 노출되는 메시징(전자적 수단을 이용하여 메시지를 전송·저장·검색하는 일 – 옮긴이)을 걸러 내기 위한 확실한 방법을 알기 힘들다. 많은 부모가 아이에게 미치는 외부의 영향력과 맞서 싸울 수 없다는 무력감을 느끼고, 어찌할 바를 몰라 그저 피해를 받아들인다. 하지만 절대 그럴 필요가 없다. 당신은 외부의 부정적인 영향력과 반대되는 가치관을 아이에게 '심어 줄 수 있다.' 아이에게 팔로워의 숫자 외에도 자존감을 평가

할 새로운 기준을 '제시할 수' 있다는 말이다. 아이가 화면에서 눈을 떼지 못하느라 당신과 눈을 거의 마주치지 않는 것을 두고 볼 필요가 없다. 아이가 학교 화장실에서 전자 담배를 피다가 걸리거나 한밤중에 술에 취해 문을 열고 들어오는 것을 보면서, 저 시기에는 피할 수 없는 일이라고 넘어갈 필요도 없다. 당신은 이런 영향들에 대항할 수 있고 또 그렇게 해야 한다. 오늘날 서로 연결되고 빠르게 돌아가는 정신없는 세상에 편승해서 아이들이 더 큰 대가를 치르기 전에, 아이들이 따라야 할 행동 양식과 기대를 재조정할 능력이 당신에게 있다. 다만 인지된 사회규범을 맹목적으로 따르며 가족을 위한 기준으로 삼아서는 안 된다.

당신이 부모 역할의 여정 중 어디에 있든 아니면 얼마나 멀리 벗어났든, 내가 전하는 지식과 도구는 상황에 상관없이 당신과 당신 가족을 성공으로 이끌 것이다. 물론 가족마다 성공을 규정하는 방식은 각기 다를 수 있다. 하지만 나는 개인 진료와 아동 복지 시스템, 그리고 닥터 필 쇼에서 다양한 연령대의 성인과 아이 수만 명을 만나면서, 현대 가정에 빈번히 일어나는 위험을 알게 되었다. 당신은 내가 본 그 많은 가족처럼 위기에 처할 필요가 없다. 내 말을 귀담아듣는다면 위기에 처하지도 않을 것이다.

내가 이 책의 제목을 『부모가 변해야 아이가 바로 선다』로 정한 것은 우리를 규정하고 지탱하며 강하게 하고 풍요롭게 해 줄 핵심 문제에 관해 가족 전체의 생각이 일치할 수 있도록 돕고 싶어서이다.

- 우리는 어떤 가족인가?
- 우리에게 가장 중요한 것은 무엇인가?
- 우리를 서로 통하게 하는 것은 무엇인가?
- 우리는 왜 가족이 되기를 원하는가?
- 우리가 함께해야 하는 일을 가치 있게 만드는 것은 무엇인가?
- 그 일은 장기적으로 어떤 가치가 있을까?

이제 우리는 당신의 가족이 소중하게 여기는 것, 즉 가장 신성하게 간직하는 원칙들을 명확히 표현하고 이행하기 위해 노력하게 될 것이다. 그 과정에서 당신과 나는 현재와 앞으로 다가올 미래에 가족의 가치를 계속 더하게 될 것이다.

"소피 박사님, 멋지고 친밀하며 행복하고 건강한 가족을 어떻게 만들 수 있나요?"라고 묻는다면, 그에 대한 답으로 나는 먼저 이렇게 물을 것이다. "당신의 가족은 지금 어떤 상황에 있나요?" 바로 이것이 우리의 시작점이다. 진정한 가족은 그 기초를 부인하지 않고 자신을 속이지도 않는다. 현재 상황, 즉 무엇이 제 기능을 하고 무엇이 제 기능을 하지 않는지 그리고 그사이에 무엇이 있는지 평가해야 한다. 그래야만 어떻게 상황을 바로잡을지 이해할 수 있다. 당신의 가족을 원상태로 되돌리고 장기적인 성공을 이끌기 위해, 버릴 것과 포용할 것, 유지할 것을 살펴볼 수 있다. 당신이 생각하는 부모 역할은 당신의 부모가 했던 것과 어떤 식으로 다른가? 왜 그런가? 당신의 양육 방식은 그런 목표에 의해 어떤 영향을 받았는가? 앞으로 어떻게 변하고 싶은가?

처음에는 당신의 가정도 미국의 다른 행복한 가정과 비슷했는데, 당신이 만난 장애물들이 다른 길로 들어서게 했을 수 있다. 아니면 당신의 가족이 위기에 처해서, 내 전문 분야를 알고 있던 당신이 책을 집었을 수도 있다. 무슨 일을 겪었든 지금 어디에 있든, 리셋 버튼을 누르는 힘이 당신에게 있다. 언제든지 아이를 키우는 방식을 바꿀 수 있으며, 사려 깊은 생각과 행동으로 가족이 성공에 이를 수 있도록 방향을 다시 조정할 수 있다.

우리가 힘들게 된 데는 분명 그럴 만한 이유가 있으며, 그 어떤 것도 죄책감을 느끼게 하거나 감당하기 힘들게 하거나 평가받는다고 느끼게 해서는 안 된다. 부모가 되는 법이나 가족을 성공과 안전으로 이끄는 법을 처음부터 알고 있던 사람은 아무도 없다. 핵심은 변화가 찾아오는 방식이다. 당신이 바라는 결과, 즉 소중히 여기는 가치에 맞춰 실제로 부모 역할을 하는 순간을 변하게 할 리셋 버튼은 당신이 이를 완전히 이해하고 참여하지 않는다면 생겨나지 않는다. 그러나 예상치 못한 상황이 발생했을 때 의지할 수 있는 계획이 세워져 있다면 리셋 버튼은 반드시 생겨날 것이다. 나는 수천의 가족에게서 실제로 그런 일이 일어나는 것을 보았으며, 과정에 전념한다면 당신에게도 리셋 버튼이 생겨날 것이라고 진심으로 믿고 있다. 그런 면에서 이 책은 가족 전체와 각 가족 구성원이 살아가는 방식을 중심으로 가족의 가치를 돌려놓는 과정이다.

로스앤젤레스 카운티 아동가족서비스국에서 심각한 위험에 처한 사람들을 대하든, 내 개인 진료실에서 겉으로는 흠잡을 데 없이 완벽한 가족을 돕든, 내가 부모에게 강조하는 메시지는 똑같다. 아이들이 세상을 살아 나가려면 건강한 자존감과 자신감이 필요한데, 이를 발달시키기 위해 기본적인 욕구를 충족시키는 것이 부모의 역할이라는 점이다. 어떤 양육 방식을 택하든, 아이가 몇 살이든, 생계를 유지하기 위해 계속 일을 하면서 애를 쓰든, 삶에 영향을 미치는 어떤 다른 요인들이 있든, 아이들이 부모에게서 필요로 하는 것은 동일하다.

- **수용** 아이들은 자신을 수용하고 자신감을 갖기에 앞서 부모가 그들을 있는 그대로 사랑한다는 사실을 알아야 한다. 인생에서 가장 중요한 사람이자 역할 모델인 부모에 의해 받아들여지는 것을 알 때, 그들은 자신을 사랑하는 법을 배울 뿐 아니라 긍정적인 관계를 맺기 위한 건강한 시작점을 갖게 된다.
- **체계** 아이들은 식사, 잠, 놀이, 그 밖에 다른 일정을 예측하고 차분하게 소화할 수 있어야 한다. 삶이 체계가 갖춰지고 제대로 통제된다고 느낄 때 그들이 느끼는 두려움과 불안감은 줄어든다. 이 말은 엄격한 일정에 따라 살아야 한다는 뜻이 아니다. 가끔 가족과 하는 저녁 식사를 빠진다고 해서 가족 전체의 기초가 무너지진 않는다. 내가 말하고자 하는 것은 전날 그리고 또 그 전날에 맞췄던 조각이 하나도 제자리에 있지 않아서 매일매일 새로 퍼즐을 풀어야 한다는 걱정 없이, 안전과 자신감을 느끼는 상태에서 세상 속으로 나아갈 수 있도록 하는 기본적인 일관성이다.
- **아이다울 수 있는 자유** 아이가 어린 나이에 '부모화'되는 것은 그들이 부모처럼 행동해야 하는 역할에 놓이고, 어린 시절의 중요한

경험이 그들에게 허락되지 않는다는 뜻이다. 아이는 아이다워야 한다. (부모는 부모다워야 하며, 이는 앞선 페이지에서 내내 말했던 것이다.) 그렇다고 아이에게 독립심을 허용해선 안 된다거나 그들이 책임감을 가질 필요가 없다는 말이 절대 아니다. 사실 독립심과 책임감은 우리의 목표 중 하나다. 하지만 아이는 성공과 행복으로 이르는 자신만의 독자적인 길을 탐색하며 어린 시절을 보낼 자유가 필요하다. 아이가 가족을 돌보거나 부양하는 것과 같이 지나친 부담을 안고 있을 때, 그들은 나중에 종종 퇴행하게 된다.

이러한 개념은 아이가 건전한 자존감을 형성하고 생산적이며 자신감 넘치는 삶을 살기 위한 기초가 된다. 중요하고 기본적인 만큼 유지하기가 복잡할 수도 있으며, 특히 예기치 못한 장애물을 만났을 때 더욱 그렇다. 따라서 나는 이 책에서 당신의 도구 상자를 채워 주려고 한다. 이를 통해 당신은 눈앞에 놓인 장애물에 맞서 싸우고, 문제가 심각해지기 전에 주변을 둘러보며 오랫동안 유지될 새로운 가족의 토대를 확립할 수 있다. 또한 나는 많은 가족을 휘청거리게 만든 위험에 대해 알려 주고, 당신이 위험을 피할 수 있도록 경고 신호를 알아차리는 연습을 함께할 것이다. 우리가 하는 연습은 단지 불을 끄는 용도가 아니기 때문에, 이 연습은 위험신호를 알아차리는 것은 물론이고, 당신과 가족을 최선의 상태로 이끄는 로드맵을 미리 만들어 실행하는 것까지 포함한다.

동시에 매일 성공으로 향하고 있음을 인식할 수 있도록 가족을 이끌 단계별 계획을 함께 세울 것이다. 내가 말하는 이 모든 방법을 수행하기 위해서는 문제에 대한 책임감과 변화에 따른 리더십에 열려 있어야 한다. 당신이 장기간에 걸쳐 부모 역할을 맡고, 다음 세대가 더욱 행복하고 건강하게 살기를 진심으로 원한다면, 이 책 전체에 걸쳐 우리가 함께할 일이 더 나은 삶의 궤적을 위한 변화라는 사실을 이해해야 한다.

정말 분명히 말하지만, 이 책의 어디에서도 당신을 손가락질하거나 비난을 하거나 패배감을 느끼라고 하지 않는다. 부모 역할은 힘들다. 지금 우리는 가족 구성원 모두를 정상 궤도에 올려놓는 것을 엄청나게 어렵게 만드는 장애물을 마주하고 있다. 개별 부모이자 양육을 분담하는 부모 팀의 구성원으로서, 당신은 죄책감을 느낄 필요가 없으며 그 사실을 편안하게 받아들여야 한다. 그러면서 어떻게 이 상태에 이르게 되었는지 이해하기 위해 당신이 할 일은 (아이가 정상적으로 복귀하는 데 필요한 요소와 동일하게) 수용과 안전이라는 측면에서 행해져야 한다. 그것은 해결하고 싶은 문제가 어떻게 시작되었는지 아이에게 따져 묻거나 비난하거나 벌을 주지 않는 것을 의미한다. 당신은 변화가 어디에서 시작되어야 하는지 이해하기 위해 양육 방식의 근원을 조사할 것이다. 그것은 당신이 (혹시 있다면 부모 역할의 다른 동반자와 함께) 가족을 일으켜 세우고 가능한 최고가 될 수 있도록 마음을 한데 모으는 것을 받아들인다는 의미다. 또한 그것이 지금 가족의 역학 관계를 조정하고 본래 자리로 되돌려 놓아야 하는 이유다. 삶은 배움의 과정이고 우리 모두는 각자 지나온 날들과 마음의 짐이 있다. 지금은 그 여정의 일부로써 가족의 가치를 보다 높여 갈 때이다.

따라서 이 새로운 방식의 양육법이 엄격해 보이는 데 대해 기분 나쁘게 생각하거나, '아니'라는 말이 진짜 '아니'라는 의미인 것에 대해 죄책감을 느낄 필요가 없다. 가족의 가치에서 비롯되는 부모 역할은 비록 과거에는 허용되었을지라도 이제는 받아들일 수 없는, 즉 행동에 분명한 한계가 있음을 의미한다. 당신이 일을 처리하는 새로운 방식에 아이들이 부정적으로 대응하면 할수록 더욱 이 과정을 시작해야 하는 증거로 봐야 한다. 이 책에서 소개되는 가족들이 보여 주듯이 당신은 아이들의 삶과 미래 세대의 삶까지 구하고 있는 것이다.

당신이 알든 모르든 지금 이 순간에도 아이들은 그들의 미래가 되어 가고 있다. 이 순간 하고 있거나 하고 있지 않은 모든 것이 가족의 유산이 될 것이다. 따라서 더 이상 시간을 낭비하지 말자. 당신은 이 책을 집고 나와 동반자가 되었으므로 이미 성공으로 가는 길에 들어섰다. 아이를 사랑하고 행동지향적인 조언을 원하기 때문에 이 책을 선택한 게 아니겠는가? 부모라는 역할은 인생에서 할 수 있는 가장 숭고한 소명이다. 무엇이 당신을 이 순간으로 이끌었든 일단 비법을 알고 나면 문제에 잘 대처할 수 있다. 지금은 당신의 가족이 가능한 최고가 될 때이고 미래의 세대를 위해서도 마찬가지다. 가치에 따라 사는 동안 가족이 번영하는 것을 볼 준비를 하라. 지금 어디에 있든 모든 것은 당신에게 달려 있다. 리셋 버튼을 누르기에 너무 늦은 때는 없다. 이제 시작해 보자.

1부

리셋 버튼
찾기

1장

새로운 시각으로 부모하기

니콜라스는 잠을 자는 데 어려움을 겪고 있는 10학년 학생이었다. 16세 아들이 우울증을 앓고 있다고 생각한 엄마는 그를 의사에게 데려가 수면유도제와 항우울제를 처방받았지만, 그는 그 약들을 거부했다. 대신에 니콜라스는 친구와 마리화나를 피워 본 적이 있는데 그러고 나니 기분이 좋아졌다고 말했다. 엄마는 아들의 기분이 나아지기를 간절히 바라는 마음과 아들과 사이가 멀어질까 봐 두려운 마음에, 법에 어긋나긴 하지만 자신의 이름으로 의료용 마리화나 카드를 발급받았다. 그녀는 매주 마리화나를 샀고, 뇌가 아직도 활발히 발달 중인 10대 아들에게 건네주었다.

학업이 부진했던 니콜라스는 대안 학교로 전학을 가야만 했다. 하지만 그곳에서도 공부에 열의를 보이지 않았고 어떤 활동에도 참여하지 않았으며 고작 몇 명밖에 되지 않는 친구들은 모두 마리화나를 피웠다. 그러다 아예 수업에 나가지도 않게 되었고, 밤마다 부모에게 말도 안 한 채 사라졌다. 상황은 점점 악화되었고 마침내 한계에 도달했다.

상담원 로스앤젤레스 카운티 아동가족서비스국 상담 전화입니다.

전화를 건 사람 안녕하세요, 저는 대안고등학교 교장 제임스입니다. 우리 학교 학생 중 하나가 걱정되어 전화했어요. 이 남학생은 출석하는 날보다 결석하는 날이 더 많고 성적이 계속 떨어지고 있어요. 단정치 못한 차림새로 등교하는 데다, 아무래도 마약이나 술 아니면 둘 다 하는 것 같아 염려스럽네요. 학생의 부모님께 여러 차례 연락드렸고 그분들이 알아서 하겠다고 말하긴 했지만 별로 나아지질 않아요. 학교에서도 학생과 얘기해 보려 했는데 점점 더 공격적으로 되거나 아예 무시하고 있습니다. 아마 무슨 일이 있냐고 묻기라도 하면 이후 며칠 동안 학교에 나오지 않을 겁니다. 무언가 잘못되고 있는 게 분명해서 우리 모두 몹시 걱정하고 있어요.

상담원 몇 가지 질문을 좀 드리겠습니다. 그 학생이 정신과에 다닌 이력이 있거나 체포된 적이 있는지, 현재 생활환경은 어떤지, 가족 내에 다른 아이들이 있는지 혹시 아십니까?

전화를 건 사람 학교에 있는 시간에는 정신 건강과 관련해서 추가적인 징후는 없었어요. 부모님, 남동생과 함께 사는 것으로 알고 있습니다.

상담원 학생의 주소를 가지고 계십니까, 선생님?

이런 상황에 대처하는 처리 규정에 따라 아동가족서비스국에서 니콜라스의 집을 방문했다. 학교 관리자가 나 같은 전문가에게 도움을 요청하는 일은 제법 흔한 편이다. 며칠 후 수염이 듬성듬성 나고 지저분한 편이지만 그래도 꽤 멋을 낸 10대가 진료실에 들어오기 전까지, 내가 니콜라스에 대해 가진 정보는 위 상담 기록과 통화 녹음이 전부였다. 하지만 그가 부모와 함께 걸어 들어오는 순간 나는 확고한 힘의 불균형을 느낄 수 있었다. 엄마는 부모로 대우받거나 존중받지 못했다. 아들을 두려워하면서도 아들에게 인정받고 싶어 하는 것 같았고, 어쩌면 결혼 생활에서 잃어버린 무언가를 보상받고 싶어 하는 것 같기도 했다. 반면 아빠는 유순하고 몸이 성치 않았으며 아내와 아들 둘 다에게 겁먹은 것처럼 보였다.

나는 니콜라스에게 본격적인 상담에 들어가기 전에 우선 중독에서 벗어나야 한다고 말했다. 하지만 그는 전혀 관심이 없었다. 그동안 마리화나가 주는 즐거움에 너무 익숙해졌기 때문에, 우리는 힘겨운 싸움을 해야만 했다. 그가 스스로 끊을 의지가 없었기 때문에 나는 더 적극적이고 체계적인 코스를 밟게 했다. 니콜라스는 마지못해 중독 치료 전문가가 있는 외래 진료 시설에 다녔다. 하루하루가 전쟁이었다. 마리화나를 몰래 피우고 치료 시간을 빼먹었으며, 어쩌다 치료를 받을 때도 대부분 마음을 닫아 버리거나 너무 화를 내서 제대로 진행되지 못했다. 많은 일이 있었다. 경찰이 개입하는 일이 늘어났으며 정신과 응급 팀이 출동하기도 했다. 부모가 눈물을 흘리며 애원하거나 다들 수없이 분노를 드러낸 후에야, 니콜라스를 물질 남용(특별한 보상을 얻고자 약물을 비의학적 목적으로 사용하는 경향-옮긴이) 치료 시설에 입원시킬 수 있었다. 첫 재활 기간을 마치고 나왔을 때 그의 삶은 보다 안정되었다. 항상 아침에 일어나지는 못했고 수업을 빠지기도 하며 여전히 최선을 다하지는 않았지만, 적어도 맨정신이었고 치료를 받으러 다녔다. 하지만 불행히도 얼마 지나지 않아 다시 하루에 몇 번씩 마리화나를 피우기 시작했고, 과거에 스스로를 달래 왔던 대처 기술에 굴복하고 말았다. 부분적으로는, 그가 떨쳐 내고 싶었던 감정이 집에 돌아온 이후 모조리 되살아났기 때문이었다. 또 다른 요인은 친구들과 엄마로 인해 그가 좋아하는 자가 치료법이 손쉽게 눈앞에 있기 때문이었다. 니콜라스는 고통을 덜어 주는 쉬운 해결책이 있고 그 순간 기분이 좋아진다면 그보다 더 중요한 것은 없다고 생각했을 것이다. 하지만 자신과 가족에게 피해를 끼치는 일은 중단되어야 했다.

치료하는 동안 니콜라스의 집을 수차례 방문하면서, 예상대로 니콜라스의 힘든 싸움 외에 더 많은 일이 그 집에서 일어난다는 사실을 알게 되었다. 아빠는 일이 고된 직장에서 중책을 맡았다가 그만둔 이후 몇 년간 일을 하지 않고 있었다. 우울증을 앓고 있을 뿐만 아니라 최근에는 뚜렷한 이유 없이 집안에서 넘어지기까지 했다. 의사들은 아빠가 넘어지는 진짜 이유를 찾지 못했는데, 그는 뇌졸중에 걸린 적도 없고 잘 걷지 못할 만한 어떤 신체적 질병도 갖고 있지 않았다. 도무지 이유를 알 수가 없었다.

엄마는 걸핏하면 화를 내면서 불만과 두려움을 행동으로 드러내고 있었다. 니콜라스가 치료 시설에 세 번째 들어갔다가 나온 밤, 엄마는 충동적으로 문신을 새겨야겠다고 결심했다. 일이 끝나자 테

킬라가 가득 든 술잔을 손에 든 채, 차를 타고 곧장 타투샵으로 갔다. 문신을 새기고 타투샵에서 나온 뒤 다시 집 쪽으로 가는 택시를 잡아탔다. 몇 시간이 흘렀지만 아무도 엄마가 있는 곳을 알지 못했다. 아빠가 겁에 질려 어쩔 줄 몰라 하며 니콜라스와 열 살 동생을 깨우더니, 엄마가 아직 집에 오지 않았으며 무사한지 모르겠다고 걱정했다. 그날 밤 그 집에서 잠을 잔 사람은 아무도 없었다. 새벽 4시 30분, 스케이트보드를 들고 있는 20대 청년이 문을 두드렸다. 그는 엄마를 부축하고 있었는데, 진흙과 잔디로 뒤범벅된 채 아직도 근무복을 입고 있는 엄마를 길 아래 다섯 집 떨어진 곳에서 발견했다고 했다. 술에 너무 취한 그녀가 엉뚱한 집 앞에서 택시를 세우고 내려 비틀거리다 그 집 잔디밭에 쓰러졌던 것이다.

니콜라스를 상담하는 동안, 나는 니콜라스와 가족이 실제로 겪고 있는 일이 무엇인지 파악하게 되었다. 아빠는 실직한 이후 집 안팎에서 자기가 설 자리가 어딘지 몰랐다. 니콜라스의 할머니가 양육을 도맡아 아빠를 키웠던 반면에 니콜라스의 할아버지는 가족과 별로 소통하지 않으며 홀로 생계를 책임졌던 가장이었다. 그런 성장 배경을 정체성과 역할에 관한 유일한 준거 기준으로 삼았던 아빠는 이제 갈 곳을 잃었다. 실제로 나중에 아빠가 가족의 주의를 끌기 위해 넘어지고 있었다는 사실이 밝혀졌다. 그는 너무나 절망하고 우울했으며 인생 경로를 벗어났다고 느꼈다. 아빠는 일자리를 잃었을 때 자신도 잃어버렸다.

엄마가 물질 남용과 정신 건강의 문제를 일으키는 유전적 성향을 지니고 있다는 사실도 알게 되었다. 그녀에게는 약물 중독자 오빠가 있었다. 중독자의 형제자매는 종종 보이지 않는 피해자가 되기 쉽다. 그녀가 자랄 때도 그랬다. 부모의 재정적·정서적·지적 지원이 주로 오빠에게 향하는 동안, 그녀는 침묵 속에서 고통을 받았다. 어쩌면 그녀는 '결코 어린 시절의 내 부모처럼 아이를 키우지는 않을 거야!'라거나 자신만만하게 '그런 일은 미래의 내 가족에겐 절대 일어나지 않을 거야!' 라고 생각하며 자랐을 수 있겠지만 비슷한 결과가 생기지 않는다는 보장은 없었다. 그래서 엄마는 아들이 중독자가 되어 힘들어하고 있다는 현실을 도저히 받아들일 수 없었다. 정신적·행위적 중독이 집안 내력이라면 아이들에게 솔직히 털어놓는 것이 중요하고, 억제하기 어렵거나 자신을 해칠 수도 있는 물질 남용의 유전적 성향이 그들에게 있다면 반드시 알려 줘야 한다. 그러나 엄마는 한계를 정하고 일관성을 유지하며 아들에게 필요한 모범이 되기보다, 그녀가 성장한 가족에서 보았던 모습을 본보기로 삼아 비밀을 유지하는 똑같은 행동 방식을 취하고 말았다.

니콜라스는 폭력이나 학대가 전혀 없었고 방치되지도 않았지만, 제대로 된 부모의 보살핌을 받지 못하고 있었다. 아빠와 엄마 역시 자신의 부모에게서 제대로 된 양육을 받지 못한 가족사가 있기 때문에, 그런 행동 방식에서 어떻게 벗어나야 하는지 잘 알지 못했다. 그 결과 니콜라스와 동생은 안정감을 느끼지 못하며 자랐고, 첫째인 니콜라스는 어린 동생에게 부모와 같은 존재로 행동해야 했다. 니콜라스의 행동이 고등학교 교장의 눈에 띄고 위태로워 보인 것도 놀랄 일은 아니었으니, 그에게는 분명한 한계도, 비파괴적인 대응 기제를 보여 주는 건전한 역할 모델도 없었다. 심지어 부모가 아직 처리하지 못한 상처와 두려움과 불안은 니콜라스가 힘든 상황을 인정하고 치료에 전념하는 것을 훨씬 더 어렵게 했다.

일이 시작되는 곳

니콜라스와 그의 가족 이야기는 아이의 기본 욕구가 무엇이고, 욕구가 충족되지 않을 때 어떤 일이 벌어질 수 있으며, 아이의 문제에 대해 인식하는 사고방식을 어떻게 바꿔야 하는지를 보여 주는 매우 효과적이고 인상적인 사례다. 내가 지난 22년 동안 아동가족서비스국의 의료 책임자로 일하면서, 수천의 가족에게 그들의 가정에서 잃어버린 것이 무엇인지를 이해시키기 위해 가장 많이 사용한 두 단어는 '안전'과 '영속성'이었다. 이혼, 완벽주의, 성적 취향, 질병, 노숙, 마약, 그 밖에 예고 없이 찾아오는 온갖 변수들로 인해 이 기반이 파괴되더라도 최종 결과에는 별 차이가 없다. 애초부터 안전과 영속성이 없다면 가족의 가치가 매우 빠르게 줄어들기 때문에, 이 책에서 말하는 다른 어떤 것도 중요하지 않다. 하지만 절대 돌이킬 수 없는 일은 없으므로 이제부터라도 소매를 걷어붙이고 적극적으로 나서라.

- **신체적 안전** 아이가 부모에 의해 보호를 받고 또 부모로 인해 위험에 처하지 않는다고 확신하는 것이다. 폭력이나 정신적 충격이 큰 경험에 노출되거나 신체적 학대와 같은 신체에 가해지는 위험을 걱정하느라 시간을 보내는 아이는 확고한 자아의식을 형성할 수 없다.

- **정서적 안전** 아이가 애정과 예측 가능성이 있는 관계를 맺으면서 사는 상태를 말한다. 정서적 안전이 확보되면 아이는 물론 어른도 상처받을 수 있다는 사실을 자유롭게 드러낼 수 있고, 감정에 솔직해지며, 진정한 자신을 보여 줄 때 편안함을 느낀다.
- **영속성** 아이들이 언제나 가족의 테두리 안에 있게 해 준다는 약속이다. 또한 그들이 인지하지 못할 때조차 안전하고 안정된 환경을 제공한다는 것을 의미한다.

니콜라스의 경우에는 마리화나를 피우고 학교를 빠지는 등 모든 것을 자기 마음대로 하도록 부모가 내버려 뒀기 때문에, 신체적 및 정서적 안전을 제공받지 못했다. 그에게는 예측할 수 있는 일정이나 정서적 토대도 없었다. 부모가 끊임없이 다투는 것을 보았고 엄마를 마음대로 조종했으며, 엄마는 아들에게 부모이기보다 친구이기를 원했다. 아이들이 부모의 통제를 벗어나고 싶은 것처럼 행동할 때도 있지만, 실제로 원하는 것은 그게 아니다. 그들이 뺏기에는 너무 큰 힘인 탓에 오히려 안전하지 않다고 느낀다. 통제권을 가져서 승리감을 느끼는 순간도 있긴 하겠지만, 그들을 돌볼 책임이 있는 어른이 제 할 일을 하지 못하고 의지할 수 없을 때 그들은 대체로 동요한다. 이는 단지 현재의 안전과 영속성만 무너뜨리는 것이 아니라, 청년기에서 성인기로 전환하기 어렵거나 미성숙한 단계로 퇴행해서 '부모에게서 독립하지 못하는' 경우처럼 장기적인 결과를 초래할 가능성도 있다.

나는 부모들이 도움을 요청할 때 항상 이런 점을 살펴보라고 말한다. '문제를 일으키는' 어린 지미를 내게 데려왔다고 해서 어린 지미가 늘 문제의 원인은 아니다. 흔히 부모들은 내가 지미를 '고치기'만 하면 그들의 세상이 평화로워질 거라는 믿음을 가지고 있다. 하지만 내가 하고 싶은 말은 어린 지미가 가족에게 비난의 대상처럼 보일지라도 대부분 사실이 아니라는 것이다. 오히려 지미는 가족 모두의 감정과 충족되지 못한 욕구를 표출하고 있는 가족 구성원일 때가 더 많다.

사례 속 니콜라스나 지미와 같은 내담자를 '지목된 환자Identified Patient'라고 부른다. 지목된 환자는 대개 정서적으로 가장 어린 구성원이며 개별 구성원이나 가족 전체의 원치 않는 감정을 담는 감정 저장소가 된다. 지목된 환자가 나이가 가장 어린 경우가 아닐 때는 대개 가장 예민하거나 균형감이나 안정감이 부족한 상황에 가장 잘 대응하지 못하는 구성원일 때가 많다.

니콜라스의 사례에서 분명한 것은 욕구가 충족되지 않아서 치료가 필요한 가족 구성원이 니콜라스만은 아니라는 사실이었다. 그가 학교에서 하는 행동이 지목된 환자로 인식되게 했지만, 그것은 단지 가족 내에 나머지 사람들의 힘든 상황이 니콜라스만큼 바로 드러나지 않은 데다가 부모는 니콜라스처럼 관찰의 대상이 되지 않았기 때문이었다.

가족 구성원들의 불편한 감정은 지목된 환자를 통해 유입되고 여러 형태로 투사된다. 가장 흔하게는 가스라이팅이나 비난이 있고, 또는 지목된 환자가 하기 어려운 역할을 수행하도록 강요하거나 압박하는 일도 있다. 하지만 그 감정이 어떻게 지목된 환자에게 투영되든 특히 그 감정이 무엇이든 결과는 항상 같다. 지목된 환자는 안전을 충분히 제공하지 못하는 가족에게 말썽을 부리며 대응할 것이다. 그러면 그 행동만 보고 지목된 환자에게 문제가 있다는 생각을 강하게 하지만, 사실 그때 지목된 환자는 대체로 가족의 무거운 짐을 대신 떠안고 있는 존재다. 이러한 특성을 지닌 지목된 환자는 자기도 모르는 사이 나머지 구성원들의 문제를 지나쳐 버리게 만드는 '이네이블러enabler(타인의 문제 행동을 부추기거나 행동의 개선을 막는 사람-옮긴이)'가 된다. 따라서 나와 같은 전문가를 찾는 것은 지목된 환자의 행동 때문이지만, 그 원인은 보통 다른 곳에서 시작된다.

분명히 말하지만, 지목된 환자가 해야 할 일이 없거나 자신의 행동에 책임이 없다는 뜻은 결코 아니다. 하지만 장기간에 걸친 회복과 변화의 퍼즐에는 더 많은 조각이 있다는 사실을 이해하는 것이 중요하다. 나는 아이들이 발전하고 성숙한 어른이 되어서 어떻게 부모가 되는지를 많은 사례에서 봤다. 이러한 사례들은 행동 변화의 분야에서 더 복잡한 경우들이다.

"어떻게 내 아이를 고칠 수 있을까?"라고 스스로에게 묻는 대신 "무엇이 우리의 문제를 악화시키고 있는가? 내가 할 일은 무엇인가?"라고 고민하기를 제안한다. 모든 가정에서 불가피하게 그러하듯, 니콜라스의 부모가 지닌 문제 역시 지목된 환자인 니콜라스에게 조금씩 옮겨 갔다. 물론 니콜라스는 잘못된 선택을 하고 있었고 스스로 책임져야 할 부분이 분명 있다. 그러나 그에게는 각자가 처한 상황이 개선되도록 자기 몫을 하는 부모가 필요한 것도 사실이다.

내면부터 치유하기

니콜라스의 부모를 만났을 때 그들은 자신들이 하고 있었던 부모 역할이 배움의 역사가 낳은 결과라는 사실을 알지 못했다. 강점과 욕구를 비롯해서 부모 세대의 유산에 대한 검사를 받고 나서야, 두 사람은 아이들의 삶에 무엇을 들여왔는지 이해하기 시작했다.

예를 들어 아빠는 노동의 가치를 보여 준 자신의 아버지를 존경하며 본보기로 삼았고, 투철한 직업의식을 지녔던 자신도 자랑스러웠다. 실직 상태가 왜 그를 그토록 무너지게 했는지 그제야 모든 것이 분명해졌다. 엄마는 중독으로 찌든 집에서 자랐던 어린 시절이 어땠는지, 중독과 정면으로 맞서야 하는 두려움이 어떻게 그녀와 아들을 다시 같은 문제에 빠져들게 했는지 털어놓기 시작했다. 자기를 인식하고 이해하게 된 두 사람이 어떻게 마음의 짐을 내려놓고 치유될 수 있었는지 아무런 제약 없이 볼 수 있는 시간이었다. 또 끊임없이 이어졌던 양육 방식의 순환을 끊는 법과 힘들게 얻은 지식을 이용해서 아이들을 위해 완전히 새로운 선례를 만드는 법에 대해서도 솔직히 이야기할 수 있었다. 그들이 바라는 가족의 구체적인 모습에 대해 알게 되자, 두 사람은 스스로에게 이렇게 물었다. "내가 지금 하고 있는 일이 아이들에게 가장 이익이 되며, 나를 미래의 성공으로 가까이 다가서게 해 주는가?"

다행히 우리는 니콜라스가 무엇에도 취하지 않은 상태를 유지하도록 지속적인 도움을 줄 수 있었다. 마침내 가족 모두가 더 나은 상태에 놓이게 되었고, 니콜라스에게서 자신이 필요로 했던 것은 안전과 영속성을 느끼는 일이었다는 말을 들을 수 있었다. 그가 부모 노릇을 그만두고 10대로 살기 위해서는 가장 기본적 욕구인 안전과 영속성이 충족되어야 했던 것이다. 니콜라스를 마지막으로 보았을 때 그는 여전히 다소 단정하지 못한 차림에 면도도 하지 않았지만, 그 무엇에도 취하지 않았고 한계를 알았으며 학교를 다니고 있었다. 물론 동화 속에 나오는 영원한 행복으로 곧장 가는 지름길은 없다. 인생에는 늘 해결해야 할 작은 시련과 도전이 있다. 니콜라스의 부모는 완벽할 필요가 없었고 니콜라스도 마찬가지였다. 누구도 그럴 필요는 없다.

해법은 당신에게서 시작된다

부모가 되면 새로운 가족의 기초를 마련한다. 이때 그 누구도 아무것도 없는 상태에서 시작하지는 않는다. 우리 모두는 과거에서 얻은 지식이나 경험, 세상이 돌아가는 이치에 대한 이해를 갖고 있고, 이를 새 가족에 들여온다.

가족은 가장 영향력이 큰 조각이다. 자신의 장점과 단점, 자기에 대해 만족하는 점과 달라지기를 바라는 점, 자기를 칭찬하는 점과 책망하는 점은 모두 어린 시절 자신이 속했던 가족의 특성과 자란 방식에 의해 형성된다.

나아가 아이의 뇌는 기본적으로 생애 초기에 시작되어 성인기에 들어서도 지속되는 과정을 통해 구성된다. 성인에 비해 단순한 유아의 뇌 회로는 이후 보다 복잡한 뇌 회로로 발달한다. 가족력과 유전자가 뇌의 발달을 위한 기본적인 청사진을 제공하지만, 경험

특히 생애 초기의 중요한 경험은 유전자가 어떻게 발현될지에 영향을 미친다. 이 모든 것이 결합해서 뇌의 기초와 뇌의 활동으로 수반되는 모든 학습·건강·행동의 기초를 튼튼하게 혹은 약하게 형성한다. 뇌가 재구성하고 적응하는 능력은 생후 1년까지 가장 활발하다가 점차 감소한다. 그러므로 아이가 학대를 당하거나 부모가 싸우는 광경을 너무 자주 보거나 팬데믹의 영향을 받는 등 어떤 형태로든 트라우마를 겪으면, 그 경험은 뇌의 성장과 발달을 저해할 수 있다. 반면에 아이가 안전을 느끼고 돌봄을 받으며 고통스러운 경험을 했더라도 치유되는 긍정적인 경험을 하면, 신경세포에 미치는 부정적인 영향이 감소되고 건강한 뇌 발달이 촉진된다.

아이가 성장하면서 가족의 삶은 무수히 많은 면에서 평생 간직할 본보기를 늘려 간다. 예를 들어 우리는 사람들이 서로 의사소통하는 법에 대해 미리 형성된 개념을 발달시킨다. 만약 부모가 배우자나 아이에게 수동적 공격 성향을 보이는 가정에서 자랐다면, 당신이 오랫동안 보아 온 그 모습이 동료, 배우자, 자녀와 대화할 때 겉으로 드러날 것이다. 어쩌면 당신이 좋은 성적을 받을 때만 부모가 아낌없이 칭찬하고 관심을 가졌을 수도 있다. 이 경우 좋은 성적을 받지 못하면 당신의 자기 가치와 부모의 사랑은 불확실해졌을 것이다. 그 또한 흔적을 남긴다. 반면에 만약 "너는 쓸모없어." 또는 "넌 도저히 이길 수 없을 거야." 아니면 "대학? 꿈도 꾸지 마. 넌 절대 갈 수 없을 거야."라는 말을 듣고 자랐다면, 지금쯤 똑같은 말을 아이에게 하고 있을 가능성이 매우 높다. 자기 회의감을 가진 아이는 가정을 이끌 수 있는 기초나 자아의식이 없는 어른으로 자란다.

신뢰의 개념, 자아의 정의, 그 밖에 많은 것이 양육에 의해 형성된다. 당신이 부모에게 자신의 본모습을 보이는 것에 불안을 느꼈거나 '최고'의 모습만 보여서 겉으로라도 부모를 계속 행복하게 해야 한다고 생각했다면, 의심할 여지없이 (유용할 수도 전혀 유용하지 않을 수도 있는) 대응 전략을 개발해 왔고 (좋든 싫든) 구획화compart-mentalization를 배웠으며 (이제는 의문을 가지길 바라는 이야기인) 자기 의사를 솔직히 표현하지 않고 마음속에 담아 두었을 것이다.

우리는 모두 각자 마음의 짐이 있다. 사랑하는 사람이 생기거나 가정을 꾸리거나 인생의 어느 순간이든 집을 떠날 때, 집 앞에 그 짐을 내려놓고 갈 수가 없다. 많은 사람이 다른 곳으로 이사하거나 신체에 변화가 생기면, 마음의 상처를 없앨 수 있고 사실을 바꿀 수 있으며 가족에게서 벗어날 수도 있다고 생각한다. 하지만 세상일은 그렇지 않다. 그러므로 당신이 할 일은 마음의 짐을 열어 그 안에 무엇이 있는지 자세히 살펴보는 것이다. 이제는 부모가 되어서 전과는 다르게 바꿀 수 있으므로, 짐을 조사한 다음 그대로 간직하고 싶은 것, 버릴 것, 나아가기 위해 보탤 것을 확인해야 한다. 사실 원가족(출생이나 입양되어 자라온 가족-옮긴이)의 영향력은 믿을 수 없이 강하지만 거기에 얽매일 필요는 없다. 인생에서 가장 중요한 일은 신중히 생각해서 좋은 것을 고르고 나쁜 것은 버리며, 원하고 필요한 것은 무엇이든 활용하여 새로운 가족 체계를 더 좋게 할 우리만의 도구 상자를 만드는 것이다.

이런 일들이 실제 의미하는 것은 무엇인가? 신체적 안전, 정서적 안전, 가족의 영속성에 대한 과거의 경험을 되돌아보는 것은 봄

1부 리셋 버튼 찾기

맞이 대청소보다 훨씬 더 복잡하다. 원가족과 함께 겪은 모든 일은 이미 우리의 일부이기 때문에 그저 깨끗이 치워 버리거나 내다 버릴 수 없으며, 정말 그렇게 한다는 말도 아니다. 대신 우리는 과거 경험을 이해하고 수용할 수 있다. 거기에서 의미를 찾아 강점과 명석함을 기르고 재구성을 통해 발전시켜서 아이를 위한 기반을 굳건히 할 수 있다. 배우자나 부모 역할의 동반자가 있다면 이는 두 사람이 함께 받아들여야 할 새로운 시각이다. 각자의 어린 시절이 지금의 두 사람에게 각각 어떤 영향을 주었는지 분명히 알고 부모 역할에 관한 접근 방식이 명확해지면, 이제는 두 사람의 양육법에 부합하고 부모 역할의 공동 목표에 도움이 되는 새로운 방식을 만들기 위해 노력해야 할 것이다.

모든 성공한 가족 체계의 핵심이 부모라고 내가 계속 말하는 이유가 바로 여기에 있다. 부모 역할은 부모, 특히 부모의 정서적·신체적 건강에서 시작된다. 비행기의 산소마스크를 생각해 보라. 승무원이 항상 하는 말이 무엇인가? 다른 사람을 돕기 전에 본인부터 마스크를 쓰라고 한다. 다른 사람을 진정으로 도울 수 있으려면 자기부터 돌봐야 하고 자신이 안전한지 확인해야 한다. 인생도 마찬가지다. 당신이 건강하고 안정될 때만이 가족을 도울 수 있다. 집의 기초처럼 당신의 기초도 평탄하고 견고한가? 아니면 아직도 과거의 경험과 트라우마가 남긴 구멍과 갈라진 금에 사로잡혀 있는가? 흠집 난 기초가 당신은 물론 이제 당신 아이들의 자존감, 자기 가치, 자기 신뢰의 본보기가 되고 있는 것은 아닌가? 지금 이 순간 당신의 집에서 어떤 일이 일어나더라도 그때마다 기초가 강해지는 한, 가족을 일으켜 세우고 다시 세우기에 너무 늦은 때는 없다. 지금은 죄책감을 버리고 이미 일어난 일들을 편안히 받아들일 때다. 지금까지와 다른 새로운 신념 체계를 받아들여라. 자신과 가족을 위해 하는 일이 주변 세상을 변하게 할 것이다. 모든 것은 당신에게서 시작된다.

2장

자신을 바꿔라, 아이를 바꿔라

지금부터 내면을 들여다보고 한계를 정하며 신뢰를 쌓을 수 있도록
해 주는 방법들을 소개하겠다. 이는 아이가 간절히 바라는 안전과
영속성을 제공하는 부모가 될 수 있게 해 줄 테지만, 노력이 성공을
거두기 위해서는 변화의 가치를 진심으로 믿어야 한다. 절대 화가
나서 시도하지 말라. 가족 내의 일이 다른 사람에게 너무 많이 알려
져 당황스럽기 때문에 해서도 안 된다. 만약 위기가 닥쳤다는 두려
움 때문이라면 다시 한번 기회를 얻게 된 이 순간에 감사하라. 화가
나서 이 과정들을 추진하기로 결정하면 반드시 실패하는데, 이는
화가 가라앉으면 화에서 비롯된 추진력과 동기도 사라지기 때문이
다. 변화를 위한 결심이 반드시 머리와 가슴, 둘 다에서 나와야 하
는 중요한 이유다. 나는 이 책에 나오는 다른 부모들과 그들의 가족
이 했던 자기 평가 방법을 보여 줄 것이다. 또한 가족의 역학 관계

를 정확히 파악하고 변화가 필요한 곳을 이해하기 위해 가족에 대한 시각을 바로잡는 법을 제시할 것이다. 각자에게 개별적으로 적용될 수 있는 이 방법들은 힘든 시기를 헤쳐 나가 믿음직하고 편안함을 주는 부모가 되도록 만들어 줄 것이다.

나는 부모들에게 이런 말을 자주 듣는다. "소피 박사님, 박사님이 권하는 방법 중에 이미 시도하지 않은 것이 없어요. 하지만 아이가 제 말을 듣지도 않고 무서워하지도 않고 신경도 쓰지 않아요. 모든 한계와 경고를 무시하니까 결국 제가 포기하고 맙니다. 아무리 노력해도 소용없고 이제 바꾸기에는 너무 늦었나 봐요."

내가 그들에게 한 똑같은 말을 당신에게도 하겠다. "아니요, 여전히 해 볼 가치가 있고 너무 늦은 때란 없습니다." 물론 아이의 나이가 많을수록 행동을 변화시키는 데 시간이 더 오래 걸린다. 또한 아이가 몇 살이든 진심을 다하지 않으면 아무런 변화도 일어나지 않는다. 마음을 다해 노력하지 않으면 처음에 가졌던 문제보다 더 큰 문제가 끊이지 않을 것이다. 따라서 아이에게 필요한 일이 무엇인지 이해하기 위해 집중하고, 자신 안에서 모든 노력을 기울인 후에 행동에 옮겨야 한다.

이 책에서 제안하는 기법들은 과학적이며, 임상적으로 입증된 실험에 더해 오랜 세월 동안 경험을 통해 조정한 것이다. 이 기법들을 잘 활용하고 따른다면 반드시 아이의 행동이 달라지는 결과를 얻을 수 있을 것이다.

부모 역할은 당신에게서 시작된다

문제를 일으키는 아이의 행동을 변화시키기 위해서 부모의 의견이 일치해야 하는 상황을 먼저 살펴보자.

칼과 에리카는 결혼한 지 15년이 되었고 14세 아들 스콧의 문제로 내게 왔다. 그때 스콧은 8학년이었는데, 이전 학년까지 줄곧 성적이 우수하고 친구들과도 잘 지냈다. 전에 다니던 학교에서는 최고의 수영 선수였으며 축구 선수로 우승컵을 들어 올리기도 했다. 하지만 8학년이 되고 몇 달이 지나자 성적이 떨어지고 사귀는 친구들이 달라졌다. 집에 오면 자기 방에만 처박혀서 짜증과 화를 내는 일이 잦았고, 어떤 규칙도 지키지 않는 데다 부모와 소통하려고 하지도 않았다. 게다가 동생들을 대하는 행동이 위험하고 통제하기 힘들 정도였다. 이 모든 것이 스콧의 원래 모습과 너무 달랐다.

부모와 스콧을 함께 만나기도 하고 따로 만나기도 하면서, 나는 스콧이 삶을 진심으로 즐기고 정서적으로 안정된 아이였지만 최근 분노에 차서 마음의 문을 닫아 버렸다는 사실을 분명히 알 수 있었다. 스콧은 부모가 그를 대하는 방식이나 가족 문제에 화가 난다며 그 이유를 내게 설명했다. 그러자 칼과 에리카가 각자 부모 역할에 대한 시각을 바로잡고 아이들에게 기대하는 결과에 대해 의견 일치를 봐야 한다는 사실이 명백해 보였다.

두 사람과 함께하는 다음 상담에서, 나는 그들이 자기 진단 검사를 해 보고, 개인과 부부 그리고 함께 아이를 키우는 부모로서 원하는 것과 필요한 것이 무엇인지 정리하는 것을 목표로 삼았다. 그래서 그들에게 상담에 오기 전에 부모로서 갖는 공동의 목표를 미리 생각해 보라고 요청했다. 모두가 자리에 앉았을 때 에리카가 대화를 주도했다. 에리카가 칼과 나에게 말을 계속하자 칼은 점점 화가 나서 대화에서 멀어지는 것 같았다. 에리카의 입장에서는 다른 사람의 말이 끼어들 상황이나 여지가 없었고, 오로지 그녀의 독백뿐이었다.

이러한 역학 관계가 펼쳐지자, 칼은 몹시 당혹스러워하며 얼굴이 벌게지고 땀을 흘리기 시작했다. 그는 온몸으로 불편하다는 신호를 보내고 있었다. 얼마 지나지 않아 그가 자기 의견을 몇 마디 보태도 되냐고 조심스레 물으면서 에리카의 일방적인 대화에 끼어들었다. 그러자 그녀는 재빨리 남편의 입을 다물게 하고 자기가 스콧을 더 잘 알기 때문에 스콧에 대해 더 나은 정보와 의견을 내놓을 수 있다며 핀잔을 주었다.

에리카는 쉬지 않고 말을 이어 갔다. 칼은 말을 더듬기 시작했고 몹시 화를 내더니 곧 패배감에 젖은 듯 보였다. 그 후 아내가 독백의 나머지를 마칠 수 있도록 잠자코 물러나 있었다. 그 광경을 보던 나는 스콧이 왜 그런 식으로 행동하는지 충분히 알 수 있었다. 부모가 서로를 그런 식으로 대하는 것을 봐야 하는 아이라면 누구든 인내심이 한계점에 다다를 것이다. 스콧은 엄마가 일으키는 감정의 소용돌이를 견디고, 부모의 결함 있는 관계와 의사소통을 참으면서, 시한폭탄이 설치된 의자에 묶인 채 무기력하게 아무것도 할 수 없는 심정이었을 것이다. 그는 입을 다물어야 하거나 스스로 말문을 닫거나 어쩌면 두 경우 모두에 해당된다는 것을 뼈저리게 느껴야만 했다. 얼마나 참을 수 없이 고통스럽고 힘들었겠는가! 부모는

1부 리셋 버튼 찾기

스콧의 행동을 변화시키기 위해 요구되는 일관되고 예측할 수 있는 전략을 실행하기 전에, 각자의 양육 목표부터 먼저 조정해야 했다.

내가 '부모 역할은 당신에게서 시작된다'고 주장하는 이유가 있다. 사실 당신은 아이의 삶에 변화를 이끌 가장 큰 영향력을 가진 사람이다. 아이가 스스로 통제할 힘을 잃거나 통제하기 어려운 행동을 할 때 당신은 무력해질 수도 있지만, 그런 힘든 순간에도 당신은 강하다. 아이의 행동에 상당한 변화를 이끌어 내기 위해서는 당신 안에서 변화가 먼저 일어나야 한다. 앞서 말했듯 자신과 아이와 가족의 변화를 이끄는 사람이 되려면 자신의 전부를 쏟아야 한다. 당신은 하룻밤 사이에 만들어지지 않았다는 사실을 기억하라. DNA에서 기인한 기질에 오랜 인생 경험이 합쳐져 지금의 당신으로 발전했다. 아이와 가족에게 바라는 모든 행동의 변화가 당신 안에서 시작된다는 것을 알았다면, 이제는 변화 과정의 중요한 첫걸음이자 자기 탐구의 첫 단계인 작은 산을 넘어야 한다. 우리가 어디에서 왔고 우리에게 진정한 성공의 의미가 무엇인지 분명해질 때까지는 아이들의 성공을 위한 환경을 제공할 수 없다.

당신은 의식하지 못하는 사이에 아이와 하는 모든 상호작용에서 본보기를 보여 주고, 아이가 자신의 감정을 이해하고 처리할 수 있도록 그 감정을 끌어내게 한다. 이 사실은 아이의 자존감에 영향을 주고 스스로 가치 있다고 느끼게 해 준다. 아이의 자아의식 형성에 당신이 어떤 영향을 주고 있는지 이해하는 것이 매우 중요하다. 아이의 성장을 위해 (우리가 누렸던 호사는 아닐지라도) 안전한 공간을 만들어 줄 수 있어야 한다. 아이는 당신과 상호작용을 하면서 배운 것을 통합해 받아들이고, 세상 속으로 나아갈 때 그동안 배운 모든 것을 적용한다. 결국 아이가 앞날을 헤쳐 나가도록 돕는 것이 당신의 일이다. 가정에서 상호작용이 더 강하고 건강할수록 세상에 내보내는 아이도 더 강하고 건강하다. 세상으로 보낸 아이는 오랜 세월동안 본보기가 됐던 당신의 모습을 담고 있다는 사실을 기억하라.

부모는 현재 상황에 필요한 것을 판단하는 능력에 너무 자주 자신감을 잃어 왔다. 납득할 수 없는 행동을 받아들이라는 사회의 압력을 느끼거나, 아이가 주변에서 흔히 볼 수 없는 것이 필요하다고 요구한다면 당연히 힘들 수 있다. 그래서 내가 부모들에게 자주 하는 말은 "너무 많이 생각하지 마세요."이다. 아이와 아이의 행동은 생각하는 것처럼 복잡하지 않다. 이상하다는 느낌이 든다면 이상한 게 맞다. 아이가 무언가를 필요로 한다고 직감한다면, 예상했던 일이 아니더라도 그 직감에 주의를 기울여야 한다. 단순하게 생각하고 보수적으로 행동한다면, 열에 아홉은 아이에게 바라는 결과를 얻을 수 있을 것이다. 부모가 지나치게 생각하거나 과잉 반응을 할 때, 상황은 부모와 아이 모두에게 복잡해지거나 혼란스러워진다.

당신은 변화를 이끄는 사람이다

8세 남자아이 대시의 엄마인 리사가 어느 날 대시의 일로 전화해서 도와줄 수 있는지 물었다. 대시는 엄마가 시키는 대로 하지 않았고, 억지로 따르게 하면 자주 욕을 했다. 그러다 보니 밥을 먹거나 씻거나 숙제하거나 잘잘 준비를 할 때 언제나 말다툼을 했다. 리사는 왜, 언제 이런 일이 시작되었는지 기억나지 않았다. 지난 몇 달 동안 자주 싸웠던 기억이 그녀가 아는 전부였다. 벌을 주는 것부터 하라는 대로 하면 원하는 것을 사 주는 것까지, 그녀가 알고 있는 모든 방법을 시도했지만 대시는 여전히 말을 듣지 않았다.

다음날 리사와 대시를 만났을 때 두 사람은 함께 진료실에 있었지만, 내 기억으로 대시는 진료 시간 내내 두세 마디밖에 하지 않았던 것 같다. 말을 하고 싶지 않아서가 아니라 '할 수 없었기' 때문이었다. 대시의 행동 때문에 격한 감정에 휩싸인 리사가 진료실 분위기를 압도했다. 긍정적인 자기 대화도, 대시의 긍정적인 자질에 대한 어떤 언급도 없었다. 그런 그녀의 모습이 현재 상황에서 어떤 요인이 될 수 있는지도 거의 인식하지 못했다.

리사와 대시에게 5일 후에 다시 오라고 했다. 다음에 만났을 때 리사는 지난번보다 훨씬 더 화가 난 것 같았다. 나는 리사에게 가만히 앉아서 대시와 내가 하는 말을 들어 보라고 청했다. 리사는 별로 달가워하지 않았지만 내 말을 따랐다. 그녀는 대시가 어떤 힘을 갖거나 어른에게 약간이라도 존중받는 상황을 편치 않아 했다. 리사가 내 요청을 좋아하지 않는 것을 보니, 아들과의 관계를 더 잘 이해하기 위해 자기 진단 검사를 해야 한다는 생각이 들었다. 그녀의 양육 방식은 어린 시절과 과거의 경험에 의해 부정적인 영향을 받고 있었다. 자기 인식과 자기 진단 검사에서 나올 수 있는 의미 있는 발견이 없는 탓에, 리사는 매우 부정확한 시각으로 아들을 판단했다. 얼마나 불공평하고 건강하지 않으며 바람직하지 않은 일인가!

나는 대시의 눈높이에 맞춰 대화를 시작했다. 내가 어떤 의사인지 말하고, 우리가 왜 만나고 있으며 거기에 대해 어떻게 느끼는지 그의 생각을 알고 싶다고 했다. 또한 지난 첫 만남에 어떤 생각이 들었는지, 집에서 벌어지는 상황이 나아지려면 그가 할 수 있는 일이 무엇인지 물었다. 대시는 모든 질문에 간단하지만 분명하게 답했다. 그가 관여된 힘든 상황과 그 상황을 어떻게 바로잡고 싶은지에 대한 이야기도 나눴다. 대시가 의젓하게 문제 해결을 위한 답을 하면 할수록 리사는 점점 더 불만스러워 보였다. 그와 다른 가족 구성원들이 상황을 낫게 하기 위해 할 수 있는 일이 무엇이라고 생각하는지 묻자, 그는 엄마의 말을 따르는 데 도움이 되는 구체적인 방법을 제시했다. 거기에는 엄마가 그에게 소리를 지르지 않았으면 좋겠다는 말도 포함되었으며, 그 말을 들은 리사는 몹시 화가 난 기색이었다. 리사가 대시를 대하는 방식을 보니, 대시가 과거에 어떤 기분이었으며 현재 어떻게 느끼고 있을지 정말 잘 이해할 수 있었다. 그는 동생들을 포함한 각 가족 구성원이 가족을 위해서 할 수 있는 일에 대한 좋은 의견 몇 가지를 더 말했다. 대시에게 이제부터 엄마와 단 둘이 얘기할 테니 나가도 좋다고 말하고, 나가기 전에 내가 물어보지 않았거나 알았으면 좋겠다고 생각하는 것이 있는지 물었다. 그는 더 이상 할 말이 없다며 진료실을 나간 뒤 대기실로 걸어갔다.

문이 닫히자마자 리사는 다짜고짜 내게 물었다. "도대체 지금 뭐 하시는 거죠?"

나는 깜짝 놀라서 대답했다. "무슨 말씀을 하시는지 잘 모르겠는데요."

리사가 다시 말했다. "제가 여기 앉아서 대시가 제게 무엇이 옳고 그른지 얘기하는 것을 들어야 한다면, 지금 당장 그만두는 게 좋겠어요." 그녀가 할 수 있는 가장 슬픈 답이었지만 동시에 가장 솔직한 답이기도 했다. 리사는 아들과의 역학 관계를 변화시키기 위해 자기가 할 역할을 인정하거나 살펴볼 상태가 아니었다. 리사가 자기 진단 검사를 거부하고, 대시와 나머지 가족에게 영향을 주었던 내부 문제의 해결을 위해 필요한 노력에 적극적으로 동참하지 않겠다고 한 것은 그녀가 가족이 바라는 변화 주도자가 될 수 없다는 것을 의미했다.

이 이야기에서 내가 말하고 싶은 요점은 부모가 자신을 이해하고 그들의 양육 방식에 의식적, 무의식적으로 영향을 주는 복잡하게 얽힌 문제를 풀려고 애쓰지 않으면, 결국 가족의 역학 관계는 균형을 잃고 불행하게 끝난다는 사실이다. 그리고 나는 이런 역학 관계가 그들 자신의 어린 시절과 부모 역할의 본보기에서 비롯된 문제와 밀접하게 관련되어 있는 것을 너무 자주 본다. 마찬가지로 우리가 했던 상담이 리사의 마음속에 변화의 씨앗을 심어서 시간이 좀 걸리더라도 싹을 틔우기를 진심으로 바란다. 아무리 고통스럽더라도 변화를 실행하는 일은 정말 급하고 중요하다. 시간이 오래 걸릴수록 가족은 더 멀어질 것이다.

아이의 행동에서 바라는 결과를 얻기 위해 우리 대부분이 자기 진단 검사를 하고 변화된 시각으로 아이를 본다고 가정해 보자. 그러려면 부모 두 사람이 마음에서 우러나와 이 일을 해야 한다. 변화를 이루기 위해 생각을 일치시켜 단 하나의 합의된 결과, 단 하나의 합의된 과정만 있는 것이 매우 중요하다. 부모의 양육 목표와 목적이 다르면 각기 다른 메시지를 보내서 아이를 혼란스럽게 하고, 역학 관계에 비정상적인 공백을 남길 위험이 있다. 이 책이 제시하는 명쾌한 해법들을 최선을 다해 활용하고, 가장 소중히 여기는 가치와 기준을 확립하고 유지하는 데 노력을 기울이는 것이 매우 중요한 이유다. 겁을 주려는 것이 아니라 그저 사실을 말할 뿐이지만, 아동가족서비스국에서 내가 담당했던 많은 가족이 결국 자기 진단 검사를 하지 않았고 그들의 시각을 바꾸지 않았으며 변화를 위한 로드맵을 명확히 세우지도 않았다. 그때는 위탁 부모가 필요한 아이를 파악하기 위해 국가가 개입할 수밖에 없다. 그게 당신은 아니기를 바란다.

자기 진단 검사

나는 이제 너무 힘들어서 울고 싶을지도 모를 일을 제안할 것이다. 당신은 안전지대에서 빠져나와 특히 처음에는 기분이 좋지 않을 수 있는 힘든 변화를 자신과 가족의 내부에서 시도하도록 요청받을 것이다. 이 일은 시작에 불과하다. 이 사전 작업이 끝나면 훨씬 더 어려운 일이 시작된다. 겁을 먹고 그만두고 싶어지거나 "잠깐만요, 우리 가족은 그런 거창한 변화가 아니라 지금과 약간 달라지기만 하면 되는데요."라고 생각할 수도 있겠지만, 지금 하려는 노력은 가족을 위해 할 수 있는 가장 큰 투자이다. 진짜로 눈물이 나오면 어떻게 하냐고? 누군가는 좌절, 불안, 실망, 공포의 눈물을 흘리겠지만,

대부분은 기쁨의 눈물을 흘릴 것이다. 이것은 그럴 만한 가치가 있는 일이다.

자기 인식이 왜 부모 역할에서 중요한 부분인지 이해했으므로, 이제는 당신 그리고 아이의 발목을 잡거나 방해하는 과거를 드러내고 털어 버릴 때다. 마음을 열고 솔직히 답하면 긍정적인 결과에 이를 수 있다. 이 검사는 위기가 발생하는 상황을 이해해서 문제를 해결하므로 당신의 치유에 반드시 필요하다. 자신을 책망해서는 안 된다. 이 검사의 목적은 오히려 당신이 과거에 어떤 상황에 놓였고 현재는 어떤 상황에 처해 있는지를 알아보는 데 있다. 문제나 상황을 인식해야만 바로잡을 수 있다. 이제 펜과 종이를 집어 들어라. 아니면 이 책에 메모하며 바로 시작해도 좋다.

- 당신은 아이에게 신체적 안전, 정서적 안전, 영속성을 어떻게 제공하는가?
- 당신의 통제 안에서든 아니든, 가장 근본적인 욕구들을 막아 버리는 어떤 요인이 그들의 삶에 있는가?
- 아이를 지금의 모습 그대로 받아들이는가?
- 아이에게 자주 애정을 표현하는가? 어떤 방식으로 표현하는가?
- 아이를 존중하고 그들의 독립심을 지지하는가?
- 아이의 친구는 물론 취미와 특별 활동을 알고 있는가?
- 부모로서 당신의 강점은 무엇이라고 인식하는가? 무엇이 부모로서 성공했다고 느끼게 하는가?
- 부모로서 당신의 욕구는 무엇이라고 인식하는가?

- 부모가 되어 배운 경험 중에 최고는 무엇이었는가? 지금까지 한 부모 역할 중에서 어떤 측면에서든 '재도전의 기회'를 얻을 수 있다면, 그것은 무엇인가?

- 가족의 관리자이자 리더로서 당신은 이 역할을 어떻게 수행하는가? 이 역할을 배우자와 같이하는가? 각자 특정 상황에서 리더가 되는가?

- 부모로서 자격이 부족하거나 인정받지 못한다고 느낀 적이 있는가? 각자의 역할을 어떻게 수행할지 배우자와 의논한 적이 있는가? 아니면 별다른 의논 없이 역할을 맡게 되었는가?

- 전 배우자나 현재의 배우자와 평화적이고 효과적으로 양육을 분담할 능력이 있는가? 그렇지 않다면 부모 역할의 동반자 관계를 맺는 데 가장 큰 장애물은 무엇인가?

- 당신이 보호자와 가족의 관리자로서 얼마나 많은 노력을 기울인다고 아이들이 생각하는가? 그들이 보지 않는 곳에서는 얼마나 많은 노력을 하고 있는가?

- 외부 세상의 압력이나 영향력이 아이를 키우는 방식에 영향을 준다고 느낀 적이 있는가? 무엇이 당신을 가족의 관리자 역할에서 관심을 돌리거나 그 역할을 하지 못하게 막는가?

- 어린 시절의 경험 중에 긍정적이거나 부정적인 것은 무엇인가? 어떤 경험을 모방하고 싶은가? 어떤 경험이나 행동 양식에서 멀어지고 싶은가?

- 당신의 부모가 했던 양육 방식 중에 어떤 요소가 당신의 부모 역할에 영향을 주었는지 살펴본 적이 있는가? 당신이 원가족에서 가져

온 마음의 짐은 뭐라고 생각하는가?

- 어린 시절과 원가족에서 온 것 중에 다르게 처리하거나 더 낫게 하려고 계획한 것이 있는가? 무엇을 바꾸고 싶은지 구체적으로 알고 있는가? 아니면 그저 당신이 자라온 방식과 완전히 반대 방향을 선택할 뿐인가?

- 미래에 가족 문제가 될 가능성이 있는 씨앗을 현재 가족 내 관계에서 발견할 수 있는가? 그 씨앗의 근본 원인은 무엇인가? 만약 발견했다면, 당신은 씨앗이 자라는 데 어떤 역할을 했는가?

- "이것이 내 아이에게 가장 이로울까?"라고 끊임없이 스스로에게 묻고 있는가? 자신의 필요와 욕구인지, 아이의 필요와 욕구인지를 구별하는가?

- 부모 역할에 대한 분명한 실행 계획이 있다고 느끼는가? 아니면 그저 되는 대로 하고 있는가? 가족 체계에 대한 기대를 인지하고 그것을 분명히 표현해 왔는가? 성공적인 가족 체계가 어떤 모습일지 상상하거나 정의를 내린 적이 있는가?

- 어떤 가치가 개인적으로 그리고 가족 전체를 위해서 당신에게 가장 중요한가?

이 모든 질문의 목적은 당신이 이 책을 읽게 만든 당면한 상황 밖으로 한 걸음 내딛고, 당신이 간절히 원하는 가족의 삶을 이루는 데 영향을 주는 모든 요인을 객관적으로 살피기 위해서이다. 무엇이 도움이 되는가? 무엇이 도움이 되지 않는가? 이 검사는 책임을 묻는 것이 아니다. 지금 하고 있는 일들이 좋든 나쁘든 미래에 어떤 영향을 줄지 예측할 기회를 제공하는 것이다. 이 검사는 치유와 문제 해결에 반드시 필요하다. 비판을 위한 것이 아니라, 위기가 발생하는 상황을 정확히 파악하는 것이 정말 중요하기 때문이다. 자신이 인정하지 않는 문제를 바로잡을 수는 없으며 이 검사는 아이가 필요로 하는 부모, 어쩌면 과거에 우리가 필요로 했던 부모가 되기 시작하는 방법이다.

마찬가지로 당신이 오늘 선택한 변화는 당신의 가족 체계와 각 개별 구성원의 미래에 대한 예측을 바꿀 수 있다. 오늘의 양육 결정이 어떻게 가족의 미래에 영향을 주는가를 아는 것은 중요하다. 위험한 교차로에서 직진하는 대신 인생을 바꿀 만한 좌회전을 할 수 있을 것이다.

아이 진단 검사

각 가족 구성원이 기여하는 가치를 기억하면서 이 과정을 시작하는 것 또한 중요하다. 따라서 아이가 잘하는 행동의 리스트를 만들어 보자. 이것이 아이의 강점 리스트다.

- 아이를 빛나게 하는 것은 무엇인가?
- 어떤 분야에서 아이가 뛰어난가?
- 아이를 미소 짓게 하는 것은 무엇인가?
- 아이가 쉽게 할 수 있는 것은 무엇인가?
- 아이가 무엇을 하며 시간을 보내는 것을 좋아하는가?

다음에는 아이에게 바라는 행동과 자질의 리스트를 만들어 보자. 아이가 더 믿음직하기를 바라는가? 아이가 말하지 않아도 맡은 일과 숙제를 더 잘 기억하기를 바라는가? 아이가 더 깔끔하고 자기의 방과 물건을 더 잘 정리하기를 바라는가? 아이가 더 친절하고 몰두하며 의욕적이기를 바라는가?

이제 두 리스트를 비교하자. 왜 이 능력들이 중요한가? 그 능력들을 일상생활에서 실행하는 가장 중요한 역할 모델로서, 당신이 숙달해야 하는 행동은 무엇인가? 부모의 명료함, 원칙에 대한 약속, 합의된 행동의 결과와 더불어 긍정적 면에 집중하는 것이 지속적인 행동 변화를 이끄는 유일한 방법이다.

가족을 위해 소중한 것과 아이의 발전에 필요한 능력을 개발하도록 동기를 부여하는 것에 집중하려면, 이 자질과 강점의 리스트는 소중한 지침이 될 것이다.

3장

마음의 짐 이해하기

이제 당신은 부모의 양육 방식이 당신 자신, 그리고 부모로서의 당신에게 어떻게 각인되었는지 이해하기 시작했다. 좋았든 나빴든, 우리는 결코 우리가 보낸 어린 시절의 영향에서 자유로울 수 없다. 좋았다고 인정하거나 실패했다고 생각하거나 철저하게 혐오하는 어린 시절의 측면들을 확고히 인식하는 것은 부모를 비난하려는 목적이 아니다. 만일 분한 마음을 품거나 희생양을 찾고 있다면 그런 사고방식이나 희망을 버려라. 당신이 어떻게 길러졌는지, 그것이 부모가 된 당신에게 어떻게 내재되었는지를 당신은 선택할 수 없었다. 이제 와서 부모를 탓하는 것은 누구에게도 도움이 되지 않는다. 당신이 어떻게 자랐든 부모 역할의 결과를 바꾸는 것은 당신에게 달렸다. 과거가 남긴 흔적을 다루는 방식이 훌륭한 부모가 될지 실패한 부모가 될지를 결정한다는 사실을 반드시 기억해야 한다.

그러므로 자기 진단 검사를 보다 꼼꼼히 살펴서 과거가 당신에게 어떤 영향을 주었는지 평가해 보자. 이제 우리는 의사 결정과 우선순위, 위험신호를 감지하는 능력을 살피고, 가족이 위험을 피할 수 있게 해 주는 요소를 탐구할 것이다. 멈춰야 하는 과거의 순환을 끝내고 간직할 가치가 있는 측면은 유지하며 특정 요소들은 향상시켜서, 가족이 미래를 위해 새롭고 강한 기초를 다질 수 있도록 짐을 다시 싸는 법을 배워 보도록 하자.

혼합형 부모 역할

어렸을 때 나의 어머니는 무슨 일에나 과잉 반응을 보여 나를 몹시 화나게 하곤 했다. 그런 일은 주기적으로 반복되었다. 저녁을 먹으라고 부르는 사소한 일에도 만약 내가 제시간에 가지 않으면 마구 짜증을 내면서 온 집안이 떠나가도록 부르고 또 불렀다. 아버지가 참다 못해 나를 데리러 오고, 그리고 나면 모두 화가 난 채로 식탁에 앉았다. 이 모든 것이 그저 나를 저녁 식탁에 앉히기 위해서였다! 나이가 들고 주의력결핍 과잉행동장애로 진단을 받은 후에야, 계속되는 나의 산만함이 어머니가 내 주의를 끌기 위해 과장된 행동을 해야 한다고 느낀 이유였다는 사실을 깨달았다. 내가 집중력을 높이기 위해 도움을 받고 어머니가 왜 그렇게 행동했는지 이해하고 나서야, 우리는 서로 자극하지 않는 상태에 이를 수 있었다.

이제 나는 부모가 되었고, '나의' 아이가 '나의' 시간 계획에 제대로 대응하지 않을 때 자주 화가 난다. 내 부모의 양육 방식 탓에 원하는 때에 원하는 반응을 아들에게 얻지 못하면, 처음에는 본능적으로 화가 치밀어 오른다. 하지만 나는 내 과거에 대한 자기 진단 검사를 했기 때문에, 어린 시절에서 얻은 경험에 따라 과잉 반응하지 않도록 스스로 조절해야 한다는 것을 안다. 또한 두려움에 기반을 둔 반응에 사로잡히지 않도록 매우 조심한다. 내 행동에 근본 원인이 있다는 말은 아들이 내가 정한 시간표를 지키지 않았을 때 그에게 '잘못된' 것이 있는 게 아니라는 뜻이다. 그것은 나를 자극하는 과거의 흔적일 뿐이다.

이렇게 내 근원에 대해 이해하는 것에 대해 나는 '마음의 짐을 푼다'라고 표현한다. 마음의 짐을 푸는 행위는 나를 돕고 결국 아이를 돕게 했다. 나는 아들의 행동에 대한 인식을 재구성하고 과잉 반응하지 않도록 자신을 통제한 덕분에, 부모로서 짐을 다시 쌀 수 있었다. 이는 아들이 저녁 식탁에 오기까지 온 집안에 소동을 일으키는 대신, 아들에게 가서 조용히 말할 수 있게 됐다는 뜻이다. 그런 식의 반응이 어떤 기분이 들게 하는지 너무 잘 알기 때문에, 아들의 주의를 끌기 위해 과잉 반응을 할 필요가 없다. 내가 자라온 방식에서 '배울 수 있었던' 덕분에 아들이 "곧 가요."라고 말하지만 오는 기색이 보이지 않아도, 나는 펄펄 뛰며 난리를 치지 않는다.

우리는 이른바 혼합형 부모 역할 덕분에 거의 매일 밤 편히 저녁을 먹을 수 있다. 나는 저녁 식사를 이랬다저랬다 마음 내킬 때 먹는 것을 허락받지 않고 자란 덕택에, 자라온 방식에서 급격히 달라지지 않았다. 하지만 부모가 했던 방식이 내게 어떤 기분이 들게 했는지 알기 때문에 그대로 모방하지도 않았다. 나는 부모로서 내 자신의 한계와 나와 다른 관점으로 삶을 대하는 아들의 방식을 구별하는 법을 배웠다. 아들은 (늘 그렇지는 않지만) 가족의 생활 신조를 매우 잘 지키면서도 여전히 주위 상황에 꽤 다르게 처신한다. 그것은 괜찮다.

마찬가지로 (부모가 아무리 부모 역할을 잘했다 해도) 똑같이 할 필요는 없으며, (어린 시절이 아무리 바람직하지 않다 해도) 정반대로 아이를 키우려고 애쓰지도 말아야 한다. 아이는 당신의 판박이가 아니므로, 당신이 부모의 방법을 그대로 모방하려고 생각하는 것은 아이의 개성을 존중할 여지를 충분히 남기지 않는다. 사실 그 사고방식은 아이의 욕구를 알아차리지 못하게 하고, 가족의 체계를 그에 따라 바꾸지 못하게 할 수 있다. 반면에 부모의 방식과 정반대로 하는 것이 당신이 겪은 일을 아이에게 막는 확실한 방법도 아니다.

부모가 설탕에 대해 너무 엄격해서 어떤 단 음식이나 간식도 허용되지 않는 아이를 상상해 보라. 어느 날 아이가 사탕 가게 옆을 지나다가 안으로 뛰어 들어갔을 때, 아이가 보여 줄 모습이 쉽게 그려질 것이다. 계속되는 결핍은 분명 아이를 부모가 원하지 않았던 상태에 이르게 한다. 일단 아이가 자기가 놓치고 살았던 무언가를 알게 되면, 그것을 훨씬 더 갈망하게 되고 금단의 열매에 계속해서 빠져들기 위해 온갖 노력을 기울이게 된다. 가족을 당신이 자라온 방식에서 가장 먼 쪽으로 너무 성급히 몰고 가는 것도 마찬가지이다. 그것이 혼합형 부모 역할이 매우 중요한 이유다. 배우자와 합심해서 각자가 부모로서 갖는 장점, 즉 자신의 부모들에게서 배웠을 장점을 찾고, 두 사람의 가장 좋은 점을 합친 양육 전략을 수립해야 한다.

과거 재구성하기

이제 조금 더 깊이 들어가 보자. 다시 한번 강조하지만, 이는 비난하기 위한 것이 아니라는 점을 기억하라. 이 힘든 질문은 스스로를 책임지며 가능한 최고의 부모가 되기 위한 것이다.

- 어린 시절의 반복하고 싶은 측면이 있는가? 어떤 측면인가? 왜 그런가?
- 어린 시절의 반복하기 싫은 측면이 있는가? 어떤 측면인가? 왜 그런가?
- 당신이 하는 부모 역할의 기초는 어디에 뿌리를 두고 있는가? 부모의 방식을 되풀이하면서 부모 역할을 하고 있는가? 부모와 다른 방식을 선택하고 있는가? 왜 그런가? 지금 하고 있는 방식 중에 어떤 것이 효과가 있고 어떤 것이 그렇지 않은가?

이제 아이의 좋지 못한 행동에 당신이 어떻게 대응하는지에 대해 말해 보자. 당신이 특정한 순간들에 아이에게 대응하고 있는지 아니면 어린 시절의 경험에 의해 촉발된 반응을 보인 것인지 구별해야만 한다.

- 아이가 나쁜 행동을 할 때 당신은 어떤 영향을 받는가? 어떤 기분이 들게 되는지 구체적으로 답하라.
- 아이가 나쁜 행동을 할 때 당신은 어떻게 대응하는가? 벌주는 것을 선택하더라도 그 순간을 가르침의 기회로 활용하는가?

- 아이의 어떤 행동이 당신에게서 가장 큰 반응을 끌어내는가? 그 행동이 당신에게 영향을 많이 끼치는 이유는 무엇인가?

우리가 어떤 사람이든 무엇을 하든 혹은 무슨 일을 하며 발전해 왔든, 아이에 대한 대응 방식을 멈추게 하는 연관성을 파악할 때까지는 과거에서 비롯된 행동 양식에 의해 영향을 받을 것이다. 그렇다고 부정적으로 받아들인 어린 시절 부모의 모든 언행이 무조건 부정적인 영향을 준다는 것은 아니다. 사실 제대로 하기만 하면 모든 경험은 가르침이 될 수도 있다. 예를 들어 당신이 자랄 때 가족이 저녁을 같이 먹지 않았다면, TV 재방송을 뚫어져라 보며 혼자 먹는 일이 외롭고 슬펐을지도 모른다. 그 기억은 부모의 자녀 양육에서 부정적인 경험으로 남았을 테고, 즉 가족 간 유대를 위한 기회 상실과 당신을 우선순위에 두지 않은 선택으로 봤을 것이다. 이제 당신은 '당신의' 가족과 식사하기 위해 굉장히 열심히 노력하고 있다는 사실을 깨닫는다. 그런 의미에서 그 경험은 좋은 가르침이다. 가족과 함께하는 시간에 대한 중요성을 가르치고, 저녁 식사를 아이와 만나는 의미 있는 시간으로 여기도록 가르친 것이다.

이제 잠시 과거를 돌아보고 왜 부모가 가족과 저녁 식사를 할 수 없었는지 이유가 될 만한 것들을 곰곰이 생각해 보라. 어쩌면 늘 같이 제대로 된 저녁을 먹을 돈이 없었을지도 모르고, 어쩌면 근무 시간을 조정하기 너무 어려웠을 수도 있다. 왜 부모가 당신이 원했던 방식의 부모 역할을 하지 못했는지 설명해 준 적이 있는가? 그 사실이 당신에게 어떤 영향을 주었다고 느끼는가? 어떻게 그 경험을 당신과 아이 사이에 긍정적인 경험과 소통의 순간이 되도록 전할 것인가? 긍정적인 것에도 부정적인 것에도, 이로운 점이 있다는 사실을 이해하라.

또 다른 예를 들어보자. 내게 한 환자가 있었는데, 그녀의 엄마는 카풀에서 운전할 차례가 되었을 때 학교에 늘 늦게 데리러 왔었다. 엄마가 지각에 대해 매번 다른 변명을 하면서 차를 세울 때까지, 그녀는 빗속에서 기다려야 했다. 엄마가 된 그녀는 상담을 하면서 그때 무슨 일이 있었는지 이해하기 위해 과거를 돌이켜보았다. 어른의 입장에서 보니 엄마가 얼마나 시간이 빠듯했을지 알게 되었고, 근무가 끝난 후 도시를 가로질러 제때 데리러 올 시간이 충분하지 않았다는 점도 이해할 수 있었다. 이제 그녀는 길모퉁이에서 기다렸던 참을 수 없었던 15분이 과로에 시달리던 엄마의 사랑 총량(또는 사랑의 부족)이 아니라는 사실을 이해할 수 있다. 그녀는 아이에게 부모 역할을 더 잘하기 위해 마음의 짐을 다시 쌌다. 나는 학교 종이 울릴 때 그녀가 어린 시절 간절히 바랐던 안전감을 아이가 보고 느낄 수 있도록, 그녀가 정확히 그 자리에 서 있을 것이라는 사실을 분명히 알 수 있었다.

하지만 동시에 그녀는 학교 종이 울리는 순간에 아이에 대한 사랑이 정확히 준비되어 있어야 했다. 그렇지 않으면 실패해서 폭탄이 터지는 것처럼 느껴졌다. 한 번은 그저 몇 분 늦었을 뿐이고 아이는 아무렇지도 않았지만, 그녀는 완전히 무너져 내렸다. "엄마를 용서한다고 약속해 줘. 엄마가 여전히 너를 사랑한다는 것을 알아야 해!" 아무것도 모른 채 어리둥절한 1학년 아이에게 그녀는 수십

년간 지녀온 고통을 투영하면서 눈물로 애원했다.

과거에도, 현재에도, 계속해서 각인되는 버림받음의 느낌이 학교 끝나는 시간에 맞춰 도착하는 것에 온통 집중될 수는 없다. 부모 역할의 한 측면에 너무 신경을 쓰느라, 아이의 안전에 대한 다른 측면을 소홀히 하거나 아이의 다른 욕구를 못 보고 지나치지 않도록 주의해야 한다. 이것은 우리가 과거를 이해하고 치유하기 위해 함께 노력해 온 복잡한 감정들이다. 혼합형 부모 역할 덕분에 과거를 재구성하고 짐을 다시 꾸린 것은 좋지만, 온갖 희생을 다하거나 너무 지나치지는 말아야 한다.

새로운 시각을 통해서

이제 과거를 인정하고 과거에 맞서는 데 도움이 되는 과정을 시작해 보자. 경험한 것을 바꿀 수는 없지만, 더 강하고 건강한 부모로서 과거로부터 나아갈 수는 있다.

- 당신이 하는 부모 역할에서 어떤 측면에 의문을 제기하는가? 당신의 행동, 반응, 선택에 의심을 갖게 되는 때는 언제인가?
- 부모로서 성공적으로 하고 있다고 생각하는 것은 무엇인가? 잘하고 있다고 자랑스러워하는 것과 보강하기를 원하는 것은 무엇인가?
- 현재 하고 있는 양육 방식에서 어떤 점을 다른 방향으로 바꿔야 할 것 같은가? 당신의 어떤 행동이 원하는 결과를 얻지 못하고 있는가?

위 질문에 대한 답은 아이에게 받는 피드백에 근거하면 된다. 당신의 행동에 대한 아이의 반응은 지금은 부모가 된 자신을 평가하는 시각의 지표가 된다. 예를 들어 아이가 훈육에 대한 당신의 접근 방식에 심하게 화를 내고 있다면, 그곳이 자신에게 의문을 가져야 할 부분이다. 또는 아이가 당신 덕분에 연극을 좋아하는 마음을 얼마나 키워 왔는지를 바탕으로, 아이에게 문화를 접하게 하는 놀라운 일을 하고 있다고 생각할 수도 있다. 따라서 다음에 당신의 어린 시절을 자세히 살펴볼 때, 규칙을 정하는 방식이든 돈을 쓰는 방식이든 아니면 그 밖에 어떤 것이든, 현재 부모인 당신의 우선순위가 어린 시절의 경험에서 어떻게 영향을 받았는지 명심하도록 하자.

함께 과거를 돌아보면서 기억이 맞는지 확인하는 데 도움이 될 수 있으므로, 형제자매가 있다면 다음 과정을 함께해도 좋을 것이다. 혼자 하든지 형제자매와 같이하든지 부모가 당신에게 부모 역할을 했을 때 정확히 어떻게 느꼈는지 기억하려고 애써라. 이제 아이를 키우다 보니 부모의 입장이 이해되면서 부모의 모습이 달리 보일 수는 있겠지만, 그 당시 어떻게 느꼈는지 기억하기 위해서 어린 시절을 보는 현미경의 렌즈를 바꾸도록 하자.

- 아이였을 때 엄마에게서 인식한 강점은 무엇이었는가?
- 아빠의 강점은 무엇이었는가?
- 엄마가 개선할 부분은 무엇이었는가?
- 아빠가 개선할 부분은 무엇이었는가?
- 엄마의 사랑의 말은 _____이었다.

- 아빠의 사랑의 말은 _____이었다.
- 아이였을 때 언제 무서웠고 누가, 어떻게 달래 주었는가?
- 아이였을 때 무엇이 당신을 근본적으로 정서적·신체적 안전을 느끼게 해 주었는가?
- 어떤 고통스러운 기억이 아직도 당신을 괴롭히는가?
- 가족이 위기에 놓인 적이 있는가?
- 부모가 싸울 때는 _____하곤 했다.
- 엄마의 양육 방식 중 어떤 면을 부모로서 피하고 싶은가?
- 아빠의 양육 방식 중 어떤 면을 부모로서 피하고 싶은가?
- 엄마에게 가장 분개한 감정은 _____에서 비롯되었다.
- 아빠에게 가장 분개한 감정은 _____에서 비롯되었다.
- 엄마와의 관계는 _____ 부분이 내 양육 방식에 나쁜 영향을 주었다.
- 아빠와의 관계는 _____ 부분이 내 양육 방식에 나쁜 영향을 주었다.
- 죽기 전에 60초가 주어진다면 나는 엄마에게 _____라고 말할 것이다.
- 죽기 전에 60초가 주어진다면 나는 아빠에게 _____라고 말할 것이다.
- 엄마의 양육 방식을 한 단어로 표현한다면 무엇인가?
- 아빠의 양육 방식을 한 단어로 표현한다면 무엇인가?
- 부모 외에 누가 어린 시절에 중요했으며 그들은 어떻게 영향을 미쳤는가?

- 엄마와 자신의 양육 방식 사이에 유사점은 무엇이라고 보는가?
- 아빠와 자신의 양육 방식 사이에 유사점은 무엇이라고 보는가?
- 나는 엄마가 한 것처럼 절대로 _____하지 않을 것이다.
- 나는 아빠가 한 것처럼 절대로 _____하지 않을 것이다.
- 엄마와 싸웠을 때 만약 화해한 적이 있다면 그 과정은 어땠는가?
- 아빠와 싸웠을 때 만약 화해한 적이 있다면 그 과정은 어땠는가?

과거로 돌아가서 오래전 경험한 부모의 행동이 어땠는지 자세히 살펴보고 이 모든 기억을 적는 과정은 과거 경험을 분석하는 일에서 큰 부분을 차지한다. 지금부터 부모가 왜 그런 방식으로 부모 역할을 했을지 생각하기 위해 현미경의 렌즈를 다시 바꿔 보자. 이제 부모가 되었고, 표면적으로는 부모의 행동과 믿음에 관해 오래전에 가졌던 것과는 매우 다른 관점을 지니게 되었다. 각 질문에 대한 답과 당신이 꺼낸 마음의 짐 조각들을 어른의 관점에서 주의 깊게 살펴볼 때다. 부모의 양육 방식과 구체적인 결정의 근본 원인을 생각해 보라.

다음은 부모의 동기가 될 수 있는 점에 대해 다소 개괄적인 이해를 시작할 때 고려할 질문들이다. 부모가 가족의 평화를 유지하기 위해 노력하고 있었는가? 불안한 순간에 가족 모두를 진정시키고 있었는가? 필요한 순간에 당신을 달래 주고 있었는가? 비록 잘 느끼지는 못했더라도, 사랑을 보여 주기 위해 무엇이든 하고 있었는가? 당신을 통제하기 어려워하며 엄하게 훈육하고 있었는가? 부모의 상호작용이 당신에 대한 부모 역할에 어떤 영향을 주었는가?

어린 시절 당신에게 안정감을 주는 일을 맡았던 사람들 사이에서 어떤 역학 관계를 발견했는가? 부모가 한 행동의 근원을 분석하고 그들이 한 것과 하지 않은 것에 어떤 이유가 있었는지 그 진정한 의미를 추측해 근거 있는 가설을 구체적으로 세워라.

그러는 동안 자신에게 "무엇을 위해서 이 모든 것을 하고 있는가?"라고 의문이 든다면, 그 답으로 이렇게 되물어라. 부모, 친구, 그 밖에 당신에게 중요한 어떤 역할이든 좀 더 효과적으로 잘하고 싶지 않은가? 자기 자신을 친절하고 따뜻한 마음으로 대하고 싶지 않은가? 인생 경로를 벗어난 것처럼 느낄 때도 계속 제 갈 길을 가게 해 주는 전략을 원하진 않는가? 아이에게 보고 싶은 변화에 대해 떠올려 보자. 아이와 더 강한 신뢰와 끈끈한 유대감을 쌓고 싶진 않은가? 아이가 중요한 경력을 추구하고 충만한 관계를 형성하도록 고취시키는 자기 가치를 높이게 하고 싶지 않은가? 아이가 자신이 어떤 사람이고 어떻게 지금의 모습이 되었는지 정확히 알면서 자신 있게 기회를 잡는 것을 보고 싶진 않은가? 아이가 인생에서 불가피하게 겪는 시련에도 변함없이 온전하고 흔들리지 않기를 바라고 있지 않은가? 더 나아가 손주에 대해 생각해 보자. 그들이 인생을 마음껏 누리고 가족의 유산에 대해 최고의 존경을 다해 기리기를 바라고 있진 않은가?

이 모든 것은 앞으로 오랫동안 보게 될 투자에 대한 몇 가지 보답일 뿐이다. 가족의 기초를 확고히 하고 가족 모두를 훨씬 더 좋은 상태가 될 수 있도록 노력한다면, 그때는 미래 세대도 그 투자의 수혜자가 된다. 스스로 그런 보답을 받고 아이와 손주도 그런 보답을 받고 싶다면, 우선 투자를 해야 한다. 이 책을 사고 아이를 위해 더 나아지겠다고 다짐했을 때 투자는 시작되었다.

어른의 시각으로 부모가 했던 부모 역할을 살펴봄으로써 오늘날 당신이 하는 부모 역할과 비교하고 대조했다면, 이어서 다음 질문을 던져 보자. 아이였던 그때 무슨 일이 일어났고 부모인 지금 무슨 일이 일어나고 있는가? 단지 당신과 아이들 사이만이 아니라 당신과 배우자 사이에도 어떤 차이점과 유사점을 보는가? 이 과정 내내 어떻게 느끼는지 알아야 한다. 어린 시절의 무언가에 대해 부정적인 방식으로 강하게 반응하고 있다면 살펴봐야 할 위험신호다. 부모에게 저항하여 동요하면서 정반대 방식으로 몰고 가겠지만 '극단적인 것은 좋지 않다.' 또한 부모가 했던 것을 그대로 하거나 완전히 반대로 하기를 선택한다면 자신과 아이를 위험에 처하게 한다. 보다 현명한 결정을 하려면 부모의 논리를 이해하라. 부모가 현재 당신이 이따금 느끼는 감정인 두려움 때문에 그렇게 행동했다면, 당신은 어떻게 그 두려움을 다르게 표출할 수 있는가? 부모가 아이인 당신이 무엇을 겪고 있는지 이해하지 못해서 형편없는 결정을 했다면, 당신은 어떻게 아이와 소통하고 아이의 경험을 진정으로 이해해서 보다 적절하고 빈틈없이 지원할 수 있을까?

당신은 가정을 지키기 위해 가장 중요한 일 몇 가지를 방금 완료했다. 훨씬 더 나은 통찰력과 명확성을 주는 시각으로 가족과 삶을 볼 수 있게 되었다. 당신이 보는 것은 당신과 아이들에게 모두 도움이 되는 방식으로 어린 시절 경험에 대해 좋았던 것, 나빴던 것 그리고 그 사이 어디일 것이다. 그것은 새로운 사고의 틀이자 과거

1부 리셋 버튼 찾기

를 이해하고 용서하며 성장해서 힘을 가지고 들여다보는 길이다. 당신이 어디에서 왔는지 알고 현재의 상황과 변해야 할 것을 더 잘 이해하게 되면, 당신이 가고 싶은 곳과 그곳에 가는 법을 확고히 할 수 있다.

4장

위험한 역학 관계

존과 일레인이 내게 데려온 12세 사샤를 만나 보자. 사샤에게는 8
세 여동생과 5세 남동생이 있었다. 존은 공인중개사이고, 일레인은
집안 식구들을 건사하고 살림을 규모 있게 꾸려 나갈 수 있도록 집
안의 모든 일을 도맡아 하는 전업주부였다. 그들은 사샤가 학교 책
상에 '여기를 폭파하고 나도 죽어 버릴 거야.'라는 글자를 파서 집
으로 보내진 다음 날 나를 만나러 왔다.

학교 관계자는 조사를 거듭하고 필적을 대조한 후에, 그 무시무
시한 말을 쓴 사람이 사샤라는 것을 밝혀낼 수 있었다. 그들이 사샤
와 마주했을 때 그녀는 그 사실을 부인했고 소리 지르며 울기 시작
했다. 학교 측은 사샤의 부모에게 전화해서 사샤가 검사를 받아야
하고, 그녀 자신과 다른 학생에게 위협이 되지 않는다고 판단이 내
려지기 전까지 학교로 돌아올 수 없다고 말했다. 종종 가족이 현실

에 눈을 뜨고, 모든 것이 순조롭다고 생각한 집에서 실제로 무슨 일이 일어나고 있는지 깨닫게 되는 것은 아동가족서비스국이 개입할 수도 있는 이런 사건 때문이다.

이때까지 사샤의 부모는 딸이 말없이 고통받는 것을 전혀 몰랐다. 사샤의 부모를 처음 만났을 때, 나는 스스로에게 이렇게 되물을 수밖에 없었다. "어떻게 그럴 수가 있지?" 사샤의 방은 집 안 제일 끝 쪽에 있었고, 가족과 저녁을 먹는 일이 거의 없었으며, 그 대신 방에서 혼자 먹거나 아예 굶었다. 그녀는 주중이든 주말이든 원하는 때에 언제나 친구를 집에 부를 수 있었다. 웬만한 성인이 평생 가지는 것보다 더 많은 유명 디자이너의 옷과 가방을 살 자유와 돈이 있었다. 동생들이나 부모와 별로 어울리지 않았고 어쩌다 말이라도 붙일 때는 늘 싸움으로 확대되어 큰 소리로 욕을 내뱉고 문을 쾅 닫으며 들어가 버렸다.

학교에서 일어난 사건으로 인해 사샤와 가족은 아동복지시스템에 넘겨져 지원을 받아야 했다. 학교나 아동보호서비스, 경찰, 기타 기관의 방문을 받는 처지가 된 적이 있다면, 얼마나 참담한 심정일지 알 것이다. 부모들은 내게 갑자기 많은 사람 앞에서 가족의 역학 관계가 드러나니 수치심과 패배감과 두려움이 느껴진다고 말했다. 그것은 분명 심각하게 다뤄져야 되는 상황이다. 하지만 '아무리 힘든 일에도 희망은 있기 마련이다'라는 말이나 '때로는 정말 나쁜 상황에서 좋은 일이 생길 수도 있다'는 말은 이럴 때 딱 들어맞는 표현이다. 사샤의 경우가 바로 그렇고, 위기의 순간에 나를 찾아온 많은 가족도 마찬가지다.

아동학대 신고 전화에 접수되어 나를 만난 가족은 경제적 지위, 문화적 배경, 인종, 그 밖에 다른 어떤 특성에 상관없이 열에 아홉은 어떤 방식으로든 한계에 도달했기 때문에 거기에 있는 것이다. 내가 만난 아이들은 기분이 좋지 않았다. 부모들은 대부분 겁에 질려 있다. 하지만 아동복지시스템과 때로는 법원도 함께 내리는 지시를 잘 따른다면, 내 진료실에 와야 하는 혼란스러운 상황 자체가 변화가 몹시 필요한 그들에게 촉매제가 될 수 있다. 우리는 모두 '고통 없이는 얻는 것도 없다'는 속담을 들어봤고, 그 말은 이러한 상황들에 딱 들어맞는다. 아무리 극복하기가 불가능해 보이고 심지어 외부에서 영향을 받을지라도, 가족 구조 안에 있는 파괴적인 행동 방식을 버리는 데서 오는 고통은 가족 모두가 정상으로 돌아오는 변화를 겪은 후 갖게 될 안정, 기쁨, 전반적인 가치와 비교하면 의미가 있다. 과정은 쉽지 않지만 결실을 맺는다.

마비 상태에서 돌파구 찾기

존과 일레인은 사샤에게 일부러 집 안에서 제일 끝 쪽에 방을 주었고, 같이 밥을 먹거나 대화하자고 강요하지 않았다며 변명했다. 오히려 그들은 사샤가 가족과 무언가를 할 때면 으레 일어나는 난리법석을 피하기 위해 그녀의 눈치를 보았다. 두 사람을 상담했을 때 그들은 어떻게 '자기 집에서 죄수 같은' 기분이 들었는지 내게 드러내 보였다. 무엇이 사샤를 죽고 싶게 했고, 실제로는 그렇게 생각하지 않았더라도 책상에 그런 말을 새기게 했는지를 그들은 알 수 없었다. 결국 나와 같은 전문가에게 평가를 받기 전까지 학교에 갈 수 없었기 때문에, 존과 일레인은 상황을 직면할 수밖에 없었다.

나는 그들이 사샤의 행동을 두려워하거나 그저 피하고 싶은 마음에 딸에게서 물러서기 시작한 날이 그녀에게 힘을 넘겨주기 시작한 날이라고 설명했다. 두 사람은 사샤가 8세 무렵이었다고 입을 모았다. 따라서 그들은 대략 4년 동안 뇌가 채 발달하지 않고, 안전과 영속성을 위한 기본적 욕구가 전혀 충족되지 않은 10대 이전의 아이에게 통제권을 넘겨주고 있던 셈이다.

또한 이제 사샤가 집에서 가장 힘이 센 사람이 되고 가족 구성원들 사이에서 부모와 자식 사이의 위험한 역학 관계의 본보기가 되었으므로, 존과 일레인이 가졌을 사샤의 동생에 대한 부모의 힘까지 약해졌다. 사샤가 더 많이 요구하고 부모를 괴롭힐수록 존과 일레인의 두려움과 절망감은 더 커져 갔다. 그들이 권한을 조금씩 포기하고 사샤가 마음대로 하게 내버려둘 때마다, 어린 사샤는 더 많은 힘을 모았고 마침내 힘이 너무 세져서 그것으로 무엇을 해야 할지 모르는 순간이 오고 말았다. 너무 감당하기 어렵고 무기력하며 두려워져서, 마음속에는 죽어야겠다는 생각뿐이거나 하다못해 도와 달라고 소리라도 질러야 했다.

부모가 힘을 잃은 탓에 통제가 되지 않는 가족에서 발생하는 많은 문제를 마주하는 일은 매우 힘들다. 이런 역학 관계는 불편한 감정을 너무 많이 일으켜, 부모들이 그 감정을 부인하고 모른 체하며 해명하거나 떨쳐 버리려 하는 것을 자주 본다. 불행히도 이것은 이미 타고 있는 불에 기름을 끼얹는 셈이다. 불편한 감정에 대처하는 것을 오래 미룰수록 더 오래 지속되는 상처가 생길 가능성이 높아진다. 따라서 아이에게 빼앗긴 힘을 되찾기 위해서는 반드시 부모의 힘이 상실된 이 상황을 책임지고 필요한 일을 하며, 배우자가 있다면 힘을 모아 함께 헤쳐 가기 위한 길을 모색해야 한다.

분명히 사샤의 가족은 사샤 때문에 내게 왔고, 그녀는 '문제가 있는 아이'지만 지목된 환자로 보였다. 그녀는 가족에게 일어난 대변동의 근본 원인도 아니었고, 부모와 아이 사이의 적절한 역학 관계가 붕괴된 상황에서 가장 많은 문제를 안고 있는 진짜 환자도 아니었다. 지목된 환자는 자기가 맡은 일을 알지 못하는 진짜 환자보다 많은 경우 더 건강하다. 나는 이번 사례에서 사샤를 언급하면서 '더 건강하다'고 말했는데, 그것은 사샤가 부모 역할의 힘 체계를 뒤집는 데 책임이 있다 해도 그것에서 생겨난 불안과 고통을 느낄 만큼 충분히 자기를 인식하고 있었기 때문이다. 반면에 사샤의 부모는 갈등의 원인을 볼 수 없었고, 그녀의 행동이 악화되기 시작했을 때 한층 더 멀리 피하는 식으로 대응했다. 그들이 힘을 되찾는 시도를 미미하게 했을 수도 있겠지만, 실제로는 더 괴롭힘을 받았고 자식을 두려워했으며 부모의 권한을 손쉽게 내주고 말았다.

무너지는 힘

사샤의 이야기는 아이가 부모의 힘을 가져가 버리고, 부모는 아이가 행복해 보이는 한 모든 것이 괜찮다고 생각하며 힘을 잃은 사실을 모른 체하는, 아주 흔한 상황을 보여 준다. 다시 말하지만 두려움, 아이가 그들을 좋아하지 않는다는 느낌, 요령 부족 등 의식적으로나 무의식적으로 부모가 그들의 힘을 포기하는 이유는 많을 수 있지만, 그 어떤 정당화도 받아들여질 수 없다. 어떤 부모들은 "저 흰 애가 집 전체를 지휘해요!"라거나 "우리 딸이 또 모든 사람의 상관 노릇을 하네요. 쟤는 커서 훌륭한 CEO가 될 거예요!"와 같은 농담으로 비정상적이고 위험한 힘의 불균형을 웃어 넘기며 유머에 기대려 한다. 유머가 부모 역할에 필요한 요소이긴 하지만, 이 상황에서는 전혀 재미있지 않다. 아이가 부모의 힘을 빼앗아 버리면, 부모에게 그 힘이 다시 돌아오기 전까지 그 어떤 것도 절대 괜찮아질 수 없다. 아이가 힘을 장악해서 생기는 문제는 가정의 부모 자식 간 역학 관계에 국한되지 않는다는 사실을 명심하라. 힘을 너무 많이 가지고 있는 아이는 부모나 형제자매를 괴롭힐 때 편안함을 느끼며, 학교에서나 학교 밖에서도 마찬가지로 남을 괴롭히는 사고방식과 행동으로 관계를 대하게 된다. 그 행동을 가정에서 실컷 연습하고 세상 밖으로 옮겨 가는 것이다. 적절한 힘의 구조가 가정에서 사라질 때, 아이들은 친구 관계를 형성하는 데 필수적인 자기 조절, 한계, 존중하는 마음이 부족해지며 괴롭힘을 비롯한 시행착오를 할 수밖에 없다. 힘들게 힘의 역학을 찾아다니다 그들의 힘에 한계가 있고, 한계가 없어서도 안 된다는 사실을 비싼 대가를 치르고야 알게 되기 때문이다.

그렇다면 부모와 아이 사이에 역학 관계가 비정상적이 된 사샤의 가족은 물론 내가 치료한 많은 가족에게 어떻게 그런 일이 일어난 것일까? 가족의 역학 관계는 일찍부터 무너지기 시작한다. 아기가 이 세상에 첫 숨을 불어넣고 당신이 부모가 되었던 바로 그 첫 순간을 기억하는가? 한 인간을 창조했고 지금은 가족의 일원이 된 아이를 길러야 하는 막중한 책임감을 지녔다는 사실이 믿기지 않아서 갓 태어난 아기를 경외심 넘치는 눈빛으로 쳐다보았을 것이다. 바로 가족의 역학 관계가 필연적으로 변하는 순간이다. 당신을 부모가 되게 만들었다는 (당신의 생활도 뒤죽박죽이 되게 했다는) 이유로 엄청난 힘을 갖게 된 그 아기가 태어났다. 그 순간부터 아이는 가족의 역학 관계에 영향을 미친다. 아이가 기존의 역학 관계를 내다 버린다고 오해하기 쉽지만, 사실 원래 있던 구조를 들어내고 이미 작용하고 있는 새로운 구조에 아이가 들어갈 자리를 마련하는 결정권은 부모에게 달려 있다. 하지만 이제부터 문제가 생긴다. 부모는 아이에 대한 사랑, 그 보답으로 아이에게 사랑받고 싶은 마음, 무언가 잘못하고 있을까 두려운 마음에 너무 눈이 멀어 해가 거듭될수록 아이에게 힘을 넘겨준다. 어떤 가족들은 자기의 부모가 했던 것과 너무 열심히 반대로 하느라 아이의 권한이 계속 커지는 것을 알아차리지 못해서 힘이 약화된다. 자신의 부모가 한 실수를 반복하지 않으려는 잘못된 접근 방법이 실제로는 그들이 아이에게 복종하고 있다는 사실을 보지 못하게 만든다.

아이에게 인생의 원동력과 통제권을 주려는 시도가 너무 지나쳐 버리면, 아이에게 건강하고 나이에 걸맞은 자기표현을 할 기회를 주기보다 오히려 모든 의사 결정을 책임져야 한다고 느끼게 할 수 있다. 이는 결국 아이가 안전감을 상실하게 만든다. 이러한 일이 발생하면 아이는 온갖 노력을 다해 역학 관계를 변화시킨다. 제 맘

대로 하고 싶은 바람과 아무도 책임지지 않는다는 생각 사이에서 비롯된 모순된 아이의 감정은 부모가 이끄는 대로 발달하는 대신, 부모의 힘에서 벗어나려고 애쓰게 할 수 있다.

몇몇 다른 관점에서 비롯된 여러 변수 역시 이런 힘의 이동에 영향을 미친다. 아이에게 겁을 먹은 엄마나 아빠 아니면 결코 물러서지 않는 기가 센 아이 또는 둘 다일 수도 있다. 힘의 이동은 소외감을 느끼는 한쪽 부모에서 시작될 수 있으며, 대체로 자기의 역할에 대해 확신이 서지 않아 잠재의식 속에서 자신의 힘을 아이에게 내주게 된다. 때때로 첫째가 그다음에 태어나는 아이들보다 우리의 세계를 가장 많이 흔든다. 또는 막내일 수도 있는데 막내의 출생은 역학 관계를 너무 많이 변하게 해서, 가족이 가라앉는 배처럼 느껴진다. 이러한 힘의 이동이 보일 수 있는 방식은 끝도 없이 다양하지만, 우리의 힘을 온전히 유지한 채 파도를 탈 수 있는 방법은 한결같다.

아이가 부모의 권한을 빼앗고 권리를 박탈할 수 있다고 해서 그것이 아이가 원하는 바는 아니라는 점을 분명히 기억해야 한다. 또한 아이는 그 모든 힘으로 무엇을 해야 할지 알지 못한다. 사실 그러한 이유들로 인해 아이는 지목된 환자가 된다. 사샤처럼 부적절한 양의 힘을 가진 아이는 자신과 다른 사람에게 재앙을 부르기 쉽다. 그러므로 부모가 힘을 되찾는 것은 아이에게 필수적 요소인 안전, 영속성, 아이다울 수 있는 자유를 되돌려주기 위해 우리가 할수 있는 가장 중요한 일이다. 그 목표를 실제로 성취하기 위해 필요한 도구가 무엇인지 이제 막 살펴보는 중이니, 지금 이 순간부터 진심을 다해 노력하라. 그러기 위해서는 가족이라는 배의 방향을 돌리기 위해 얼마나 많은 노력이 필요한지 알아야 하지만, 그것은 매우 중요하며 생명을 구하는 일이기도 하다.

돈이 힘이 될 때

아이가 부모의 힘을 뺏은 상태로 시간이 계속 흐르면, 가족의 체계와 가치가 얼마나 빠르고 심각하게 훼손될 수 있는지 좀 더 살펴보자.

주디스와 남편 피터는 결혼한 지 대략 16년이 되었고 4세에서 15세까지 4명의 아이가 있었다. 그들의 15세 아들 샘이 지목된 환자였는데, 그게 바로 내가 이 가족을 알게 된 이유였다. 샘은 마약을 소지한 혐의로 가택 구금 중이었다. 매우 바람직하지 않은 수준으로 악화된 힘의 역학 관계를 중단하기 위해서는, 많은 경우 삶을 바꾸거나 위협할 만한 사건이 필요하다. 이 가족의 경우는 그게 바로 샘 덕분이라고 말할 수 있다.

어느 여름날, 샘은 친구의 집에서 하룻밤 자기로 했다. 샘이 마약 소지 혐의로 체포되었을 때 그와 친구는 밤늦게까지 외출 중이었다. 샘의 부모는 그가 이따금 술에 손을 대고 여기저기서 마리화나를 조금씩 피우는 것을 알고 있었지만, 그 어떤 것도 그가 학교나 집에서 제대로 생활하는 데 지장을 초래하리라고는 생각하지 못했다. 그가 완전히 중독이 되었고, 겉보기에 멀쩡해 보일 정도로만 간신히 생활을 유지하고 있음을 부모는 조금도 알지 못했다.

샘은 체포된 후에 법원의 결정으로 물질 남용 치료 시설에 입소했고, 이후 통원 치료 과정을 시작했다. 가족 치료도 그 과정에 포함되었다. 부모는 아들의 체포로 인해 커진 실망감과 가족 내부의 갈등을 함께 해결하기 위해 부부 치료를 시작했다. 내가 가족의 의료팀에 합류했을 때, 우리는 그들이 어떻게 이 지경에 이르게 되었는지 연관성을 살폈다. 마침내 가족 모두가 내 진료실까지 오게 된 행동 양식을 파악하게 되자, 가족 역학 관계의 균형을 되찾기 위한 계획을 함께 세울 수 있었다.

주디스와 피터의 첫째 아이인 샘은 태어나자마자 바로 부모에게서 힘을 가져 갔다. 피터는 언제 그와 아내의 사이, 아내와 샘의 사이에서 힘의 이동이 일어났는지를 정확히 기억했다. 그가 가족에서 세 번째 위치로 내려앉은 사실을 알아차리던 순간, 더 이상 동등한 부모 역할의 동반자나 존중받는 남편으로 대우받고 있지 않다고 느꼈던 그 순간 말이다. 계기는 단순히 커피 한 잔이었지만 거기엔 그 이상의 의미가 있었다. 원래 주디스와 피터는 늘 커피 한 잔을 함께하며 그들의 아침 의식을 즐겼었는데, 주디스가 샘에게 온통 정신이 팔리자 소중한 남편과 아내의 시간이 사라져 버리고 말았다.

15년이 흐르는 동안 힘은 계속 샘에게 옮겨 갔다. 주디스와 피터는 샘 외에 3명의 아이가 더 있었지만, 그 가운데 누구도 샘이 가졌던 것과 같은 힘을 갖지 못했고 특히 엄마에겐 더 그랬다.

주디스는 샘에 있어서만큼은 특별 취급을 했다. 샘은 무슨 행동을 하든, 심지어 다른 식구에게 적용되는 기대나 규칙을 따르지 않았을 때조차 제재를 받지 않았다. 예를 들어 샘은 식탁에 오라는 소리를 여러 번 들은 뒤에야 간신히 관심을 가졌는데, 그때까지 가족 전체가 식탁에 앉아서 그저 기다리고 또 기다려야 했다. 샘은 용돈을 받는 대신 필요한 게 있을 때마다 엄마에게 갔고, 그러면 엄마는 샘이 요구하는 대로 돈을 주었다. 왜 주디스가 샘이 그런 행동을 하게 내버려 두는지, 왜 책임을 회피하며 부모의 지시를 무시한 채 제 마음대로 하게끔 계속 내버려 두는지를 두고, 피터와 주디스는 계속 싸웠지만 비정상적인 역학 관계는 점점 더 확고해졌다.

부모의 힘을 빼앗아 가는 아이의 마음속 괴물을 키우는 해로운 요소는 매우 많지만, 그중에서도 돈은 가장 큰 피해를 주는 요소 가운데 하나다. 주디스는 샘에게 돈을 주는 것이 사랑의 행위라며 자신을 속였다. 샘은 마약을 사는 데 돈을 썼지만 혹시 그렇지 않았다 하더라도, 그것은 부모 역할의 파괴적인 실행이었다. '돈이면 안 되는 것이 없다'는 말을 들어본 적이 있는가? 그 말에서 돈은 힘을 의미한다. 돈이 아이의 손에 들어가는 순간 아이는 안다. 아이가 돈을 관리하는 법을 배우지 못했거나, 그들에게 한계나 예산이 주어지지 않았거나, 돈을 버는 데 들어가는 노동의 가치를 깊이 이해할 수 있는 방식으로 돈을 얻은 경험이 없었다면, 당연히 돈을 책임 있게 다루는 능력을 가질 수 없을 것이다. 돈은 아이가 원하는 것을 할 수 있는 능력을 주지만, 그 힘이 아이의 뇌가 처리할 수 있는 범위 너머에 있다면 이는 매우 위험하다.

아이가 성숙하거나 책임감이 있다 할지라도, 뇌 발달을 더 빠르게 만들거나 단계를 건너뛸 수는 없다. 뇌가 충동 조절과 판단력과 통찰력을 가질 만큼 충분히 발달하기 전에, 아이에게 너무 많은 돈을 주거나 손쉽게 돈에 접근할 수 있도록 하는 것은 10세 아이에게 자동차 열쇠를 주고 운전해 보라고 권하는 것과 같다. 다양한 사람들과 가족 구조를 대해 왔던 나의 오랜 경험으로 볼 때, 돈으로 사랑을 표현해 왔던 가족은 힘의 이동 문제를 바로잡기가 가장 어려운 축에 속한다.

하지만 바로잡는 일은 우리가 할 수 있는 일이자 해야 할 일이다. 이상적으로 말하면 아동복지서비스의 문을 두드려야 하는 한계점에 다다르기 전에, 부모의 힘이 상실됐다는 사실을 알아차리고 다시 균형을 잡아서 통제가 힘든 상황을 변화시킨다면, 집을 태우고 있는 불을 끌 수 있을 것이다. 활활 타오르는 큰불이 났다고 해도, 우리는 가족의 구조를 제자리로 돌리고 가족의 가치를 높이기 위해 부모의 힘을 회복할 수 있다. 너무 늦은 때란 없다. 또한 이는 아이를 세상 속으로 보내기 전에 우리가 책임질 몫이기도 하다.

가족의 힘 설문

나는 가족과 상담하는 초기에 그들이 현재 어떤 상태인지, 최소한 어떤 상태라고 인식하는지 이해하기 위해 '가족의 힘 설문지'를 작성해 달라고 요청한다. 이 검사가 불편할 수도 있겠지만 누군가를 탓하기 위한 작업이 아니라는 사실을 기억하라. 문제를 해결하기 위해서 가장 중요한 것은 부모가 현재 가족 내에서 일어나는 일을 솔직하고 정확히 이해하는 것이다. 그런데 지나치게 감정에 휩싸여 혼란의 요인을 분명히 인식하지도 못하는 가족을 너무 자주 본다.

가족이 한계를 정하고 신뢰를 쌓으며 소통하려면, 그들의 출발점을 이해해야 한다.

이 질문들을 잘 보면 '당신'에 대해 묻고 있음을 알 수 있을 것이다. 즉 이 질문들은 아이가 부모를 쥐고 흔들지는 않는지, 아이가 부모의 훈육(아니면 훈육이 부족할 때)에 어떻게 대응하는지, 집안에서 말다툼이 일어나면 어떤 식으로 소리 지르며 싸우는지를 묻는게 아니다. 이 설문의 목표는 제 기능을 상실한 역학 관계에 눈뜨게 하는 것이기 때문에, 다음 질문에서 하나라도 그렇다고 답을 한다면, 부모가 힘을 상실하고 있는 위험신호라고 봐야 한다.

- 아이를 대할 때 점점 더 화를 내게 되는가?
- 아이를 훈육할 때 통제력을 행사하려고 애쓰는가?
- 아이를 대할 때 알맞은 말을 찾거나 집중하기 어려운가?
- 아이에 대한 대응이 필요 이상으로 자주 모호하다고 느끼는가?
- 아이를 대할 때 말을 더듬거나 주저하거나 불안하다고 느끼는가?
- 아이에 대한 대응이 점점 더 위협적으로 변하거나, 혹은 괴롭히는 것은 아닌지 고민되는가?

사샤 가족의 경우, 부모는 이미 상태를 유지할 수 없을 만큼 힘을 잃었고, 가족 역학 관계에 변화가 필요하다는 사실이 매우 분명했다. 나는 그들의 집에서 행해질 일이 변화에 관한 것임을 아이들에게 알리는 첫 가족 상담을 시작했다. 이 상담은 힘이 부모에게 돌아가는 변화의 시작이었다. 나는 투명한 방식을 좋아하기 때문에,

어떻게 그들 가족이 변화가 필요한 상황에 도달했는지를 아이들이 놀라지 않도록 자세히 설명했다. 부모가 아이들에게 그들이 마음대로 하던 시절이 끝났음을 알리는 일은 쉽지 않은 일이다. 하지만 그런 불편한 감정이 바로 대화와 변화가 절박하다는 표시다.

그다음에 모든 가족 구성원이 행복의 다섯 가지 중요한 측면을 평가하기 위한 검사(이 검사를 하는 법을 뒷부분에서 배울 것이다)를 받았다. 이는 힘겨루기가 단지 10대 자녀가 귀가 시간에 반항하거나 누가 특정한 순간에 결정권을 가질지에 국한되지 않기 때문이다. 힘겨루기에는 근본 원인들이 있고, (이를테면 수면에서 시작해서) 가장 기초적인 수준에서 근본 원인들을 다루어야 한다. 사샤에 대한 검사가 그녀의 수면 방식이 불규칙하고 체계적이지 않다는 결과를 보여 주었기 때문에, 매일 일정한 시간에 잠을 자는 일정표를 따르게 했으며, 가족 전체가 마찬가지였다. 또한 부모는 그녀의 학습 부진과 친구 문제를 해결하기 위해 학교 관리자들과 교사들을 면담했는데, 두 사람은 학교에서 사건이 벌어지기 전까지 그 어떤 문제도 알지 못했다. 학교 측과 부모는 사샤를 돕기 위한 계획을 세웠고, 그녀가 학교에서 맡아서 해야 할 일을 정해서 새로운 또래 집단과 어울릴 수 있게 했다. 부모는 또한 가능한 많은 식구가 함께 식사를 할 수 있도록 식사 시간을 조정했으며, 사샤는 하루에 적어도 한 번은 반드시 식사에 참여해야 했다. 그녀는 자신을 더 잘 이해하고 감정을 어떻게 표현할지 배우기 위해 개인 심리 치료를 시작했다. 동시에 가족 모두의 관계를 위해 노력하고 회복하는 법을 배우기 위한 가족 치료도 시작했다. 사샤가 가족의 일원이라는 사실을 물리적으로 느낄 수 있도록 다른 가족 구성원과 가까이 그녀의 방을 옮겼고, 팀 스포츠를 선택하게 해서 자신감과 자존감을 높일 수 있도록 했다.

물론 사샤의 부모인 일레인과 존이 가족 상담을 시작하는 것은 쉽지 않았다. 하지만 이는 예상했던 일이었다. 아이가 오랫동안 역학 관계를 주도했을 때, 부모는 흔히 아이의 반응과 앞으로 벌어질 일을 두려워하며 위축되고 불편해한다. 이에 우리는 가족 상담을 하기 전에 가능한 순조롭게 대화를 할 수 있는 전략에 대해서 자세히 의논했다. 일레인과 존은 내 충고를 받아들여 가족 상담을 할 때, 가족의 약점과 결점만이 아니라 장점에 대해서도 의견을 나눌 수 있도록, 모두가 한 팀이 되어 화이트보드를 이용했다. 콕 집어 사샤를 지목하는 대신, 통일체로서의 가족에 대해 주로 이야기해 그녀가 방어적인 기분을 덜 느끼도록 했다. 그들은 적대적이 아닌 협조적인 접근 방식을 취했다.

짐작하겠지만, 가족 구성원 대부분(특히 힘을 빼앗았던 구성원)은 부모가 시작하려는 힘의 이동을 반기지 않는다. 온갖 극단적인 저항과 반항하는 행동을 보이기도 한다. 이러한 저항의 크기는 아이가 부모한테서 빼앗았던 힘의 양과 직접적인 관련이 있다. 다시 말해서 저항을 많이 하면 할수록 되찾아야 할 힘도 더 많다.

많은 부모가 이 과정에서 실패하기 쉬운데, 가장 큰 이유 중 하나는 아무리 부적절했을지라도 익숙해졌던 역학 관계를 바꾸는 것이 매우 불편하게 느껴지기 때문이다. 부모가 싸우거나 의견이 다르거나 아니면 한쪽이 좌절할 때, 위험한 역학 관계가 다시 자리 잡기가 쉽다. 변화는 정말 어렵다. 하지만 시간이 지나면 더 편안해질 테니까 오르막길이 너무 고되게 느껴지더라도 믿음을 잃지 않았으면 한다. 양육을 분담하는 배우자가 있다면, 한쪽이 약해진다고 느낄 때 서로 힘이 되어 주어야 한다. 이 과정에 진심을 다해 노력하면 할수록, 당신이 바라는 대로 부모의 힘을 되찾는 결과를 이룰 가능성이 더 높아진다.

아이가 만약 "대체 지금 무슨 일이 일어나고 있는 거죠?" 또는 "엄마, 아빠, 제정신이에요?"라고 말한다면 침착하게 답을 하라. 가족에게 새로운 행동의 기준이 생겼다는 것을 분명히 하고, 각 가족 구성원이 그 기준에 따라야 함을 알려라. 완벽이 아닌 노력을 기대하는 점을 분명히 알게 하라. 아이들이 변화에 더 크게 반발할수록 제대로 옳은 길을 가고 있다고 생각해야 한다. 아이들이 반발하고 감정이 크게 폭발하는 것은 그들이 익숙했던 대로 역학 관계를 유지하고 싶다는 뜻이다. 하지만 그런 예전 방식은 진짜 안락한 상태가 아니라 가족을 위험에 처하게 하는 비정상적인 상황이다.

주디스와 피터의 가족에 관해 말하면, 그들은 변화의 필요성과 부모로서 필요한 행동에 대한 생각을 일치시키기 위해 노력했다. 곧 샘의 동생들은 질서를 잘 따르고 주의력을 기울이게 되었다. 하지만 힘의 이동에 대한 샘의 반응은 꽤 달랐다. 샘은 성질을 부리는 일이 늘어났으며 식구들을 더 못살게 굴었고 새로운 변화 아래 가족이 하는 일에 참여하는 것을 완강히 거부했다. 그들은 많은 가족이 부딪혔던 갈림길에 다다랐다. 샘의 반발에도 불구하고 가던 길을 계속 가야 할지, 새로운 변화를 포기하고 이전 방식으로 돌아가야 할지 선택해야 했다. 주디스와 피터는 행동과 행위 둘 다에서 일관되게 샘의 저항에 맞서기 위해 협력했다. 그렇다고 샘의 불만이 사라진 것은 아니었으며, 오히려 전보다 더 못마땅해했다. 하지만 약 6주 후에 샘은 훨씬 더 많은 시간을 가족과 함께했고 보다 건전한 상태가 되었다. 부모 두 사람 다 잃었던 힘을 되찾았고 네 아이 모두 그동안 내내 필요했던 안전과 영속성을 느끼고 있었다. 우리가 만난 후 4~6개월 무렵에, 주디스와 피터는 힘의 이동 전후에 경험했던 부모 역할의 차이를 깊이 생각해 볼 수 있었고, 가족의 가치가 현격히 증가한 사실에 매우 만족했다.

아이와의 사이에 줄다리기 같은 힘겨루기가 계속된다고 느끼는 날들이 있다. 하지만 그때가 바로 각오를 단단히 하고 배우자와 관계를 긴밀히 해서 한 번에 하나씩 헤쳐 나가야 하는 때이다. 새로 찾은 권한을 사용하기 위해, 악을 쓰거나 고함을 지르지 않도록 조심해야 한다. 적절한 부모의 권한이 주는 느낌에 익숙해지기 위해서는 시간이 걸릴 수도 있지만, 핵심은 규칙을 일관되게 유지하고 강해진 힘에 차분해지는 것이다. 아이의 저항에 대해 소리치거나 성을 내거나 맥없이 무너지는 등 강한 감정적 반응을 보이는 것은 힘의 속성처럼 여겨지지도 않고 힘을 가진 것처럼 보이지도 않는다. 사실 아이에게 그런 감정 상태에서 반응하는 것이 바로 당신이 힘을 잃었던 방식일 것이다.

아이가 당신을 당황하게 해서 당신과 아이 둘 다 예전 방식으로 되돌아갈 가능성은 여전히 높다. 그런 일은 언제든 일어날 수 있다. 마찬가지로 당신과 배우자가 새 방식을 고수하는 것이 쉽게도 혹은 어렵게도 느껴지는 날들이 있고, 두 사람 다 슬그머니 과거의 방식대로 하게 될 수도 있다. 그런 상황이 벌어지면 아이들은 보통 부모의 힘을 분열시키고자 갖은 노력을 다한다. 부모 가운데 1명에게 다가갈 기회가 생길 때까지 기다리고, 나머지 부모가 그들에게 허락했으므로 똑같이 허락해 달라고 말할 것이며, 그러면 부모는 그들이 만든 함정에 빠질 수도 있다. 그런 일이 벌어져도 자신에게 너무 심하게 대하지 말라. 대신에 목적을 상기하고 당신이 바라는 부모가 되게 해 줄 욕구가 충족되었는지 확실히 살펴보며 아이가 따라야 하는 새 기준을 보강하는, 새로운 부모 역할의 도구를 활용할 기회로 삼아라.

부모가 함정에 빠지지 않고 상황을 전략적으로 다룰 때마다, 점점 더 과거의 행동 방식에서 멀어지고 상황과 자신을 통제할 능력이 있다는 메시지를 아이에게 보내게 된다. 아이가 부모로부터 원하는 것을 얻었다고 느낄지라도, 그것은 부모가 상황을 잘 이해하며 끝내고 있다는 사실을 그들에게 한 번 더 행동으로 보여 주는 것이다. 이러한 메시지는 중요하고 매우 강한 효과를 지닌다.

모든 연령대를 위한 한계

지목된 환자인 사샤와 샘의 경우를 보면, '한계'는 문제 해결의 중요한 부분이었다. 모든 부모는 한계를 정해야 한다. 부모가 자신의 주변에 한계를 그릴 때는 아이가 인식할 뿐 아니라 그 의미도 알고 있도록 해야 한다. 이러한 한계는 아이에게 부모의 영역이 끝나고 아이의 영역이 시작되는 곳이 어디인지 알려 주는 메시지를 보내고, 아이의 행동이 허용되는 상황과 허용되지 않는 상황의 기준을 정한다. 아닌 것은 아닌 것이고 되는 것은 되는 것이며, 부모가 단호하게 자신이 한 말을 지키기 때문에 '글쎄'는 존재하지 않는다는 것을 아이가 알아야 한다. 한계는 가능한 명확하게, 가능한 일찍 정할 때 가장 효과가 좋다. 또 한계는 상세히 설명되고 아이가 이해하는 결과(예를 들어 상이나 벌-옮긴이)가 뒤따라야 한다. 아이의 나이에 따라 결과를 정하는 과정에 아이를 참여시키는 것이 도움이 될 수 있다. 한계가 효과를 발휘하기까지 결정적인 열쇠를 쥔 사람은 한계를 유지하고 결과를 실행하기 위해 일관성을 유지하는 부모, 바로 당신이다. 당신이 한계를 실행하는 데 일관성을 잃을 때마다 당신은 아이의 눈에 부모로서 힘을 잃는다.

예를 들어 구체적인 한계에는 10대 아이의 귀가 시간을 정하는 일이 포함될 수 있다. 가족 모두의 일정을 고려한 후, 당신이 가장 적절하다고 생각하는 시간으로 정하라. 당신이 10시까지 잠자리에 들어야 한다면, 아이가 9시 30분까지 집에 오게 하는 것이 적당하다. 단지 아이만이 아니라 부모와 가족 전체를 위해 한계가 잘 지켜지게 하라. 또 귀가 시간을 정하는 이 과정은 당신과 아이 사이에 협력을 강화하는 기회다. 당신의 일이 가족 전체의 안전을 보장하는 것이며, 규칙을 따르고 한계를 존중하는 것이 아이의 일이라는 것을 설명하는 과정 속에서 말이다. 처음에는 아이가 스스로 알아서 하게 함으로써 당신이 아이에게 갖는 믿음에 대해 얘기하라. 대신에 기대되는 결과는 정해진 시간까지 집에 오는 한계를 지키는 것이다. 사전에 의논한 학교행사 같은 특별한 경우에는 더 유연하게 대처할 수 있다는 것도 미리 정하라. 당신이 개방적이고 합리적이라는 사실을 보여 주는 것은 부모 역할의 방식을 유지하고 당신이 존중받는 데 도움이 된다. 어떤 점도 모호하게 남지 않도록 귀가 시간 계약서를 작성하는 것도 고려할 수 있다. 계약서에 귀가 시간이 몇 분이라도 지날 경우에 대한 결과를 설명해 놓을 수도 있다. 또한 반드시 이 기회를 안전에 대해 얘기하고, 급하게 오려다 안전하지 않은 것보다는 차라리 늦는 편이 낫다고 일러 줄 기회로도 활용하라.

아이가 당신의 역할을 상당히 약화시킨 바람에 좌절감을 느끼고 있다면, 통제가 힘든 상태에 오기까지 몇 년이 걸렸으므로 그 역학 관계를 빠져나오는데도 시간이 걸린다는 사실을 기억하라. 당신이 완전히 없애려고 노력하는 과거의 방식으로 당신과 아이가 슬그머니 돌아갈 때, 그것이 예전처럼 당신의 마음을 동요시키지 않는다는 것을 아이에게 보여 주라. 이제 당신이 책임지고 있고, 당신은 곧 인생의 시련에 잘 대처할 능력을 갖게 될 것이다. 말로 하는 답보다 행동으로 보여 주는 답에 무게가 실릴 때 그 시련들은 훨씬 더 빨리 사라진다. 신중하고 일관된 방식으로 주장을 굽히지 말고 힘을 되찾아 그 힘 안에 머물라. 당신이나 아이의 마음속에 어떤 불편한 감정이 생기더라도, 일관되게 이 새로운 방식을 실행한다면 성공할 수 있다. 지금이 바로 힘을 갖고 싶은 아이의 욕구에 대한 대응으로써, 자신을 면밀히 분석하거나 배우자가 공감, 존중, 자기통제와 같은 도구들을 활용하도록 도와줄 때이다.

가족 모두가 가정에서 새로운 역할에 적응하느라 열기가 고조된다면, 한 걸음 물러나 힘의 역학을 올바른 상태로 이끌고 있는지 머리와 가슴으로 확인하라. 힘을 되찾는 과정 내내 여러 시점에서 당신이 왜 가족의 리더가 되어야 하고, 그것은 또 어떤 모습이어야 하는지 이성적, 감정적으로 분명히 알고 있어야 한다. 아이들에게 필요한 안전과 영속성을 느끼게 해 주기 위해 앞으로도 지속될 가장 중요한 역할을 적절한 양의 힘으로 이행하는 동안, 당신은 곧 훨씬 더 나은 부모가 될 것이다. 따라서 가정 내에서 힘의 차이와 구조를 재정립하고 재편하면서 머리와 가슴이 하는 말에 귀를 기울여라. 새로운 계획을 주장하고 굳게 지킬 때, 가족 안에서 변화를 보고 느끼기 시작할 것이다.

당신과 배우자가 이 모든 과정을 마치느라 완전히 지쳤어도, 아이들이 다른 방식으로 당신과 서로 소통하고 있는 것을 알아차리는 순간 충분한 보상을 받게 된다. 처음에는 하루에 5분이더라도 그것은 성공이다. 아마 배우자와 눈을 마주치며 변화가 일어나고 있다는 만족감과 자랑스러움에 뿌듯해할 것이다. 그것은 일관성과 끈기와 전념을 다해야 하는 이 중요한 임무에서, 서로 계속 지지할 수 있는 동기가 된다. 힘의 다툼이 있는 하루는 끔찍하지만, 건강한 역학 관계가 형성되어 가족의 가치가 높아지는 하루는 순식간에 흐른다.

5장

양육 방식 이해하기

토머스와 에이든은 공부 외에는 비교적 좋은 아빠와 아들 관계를 유지하고 있었다. 하지만 토머스가 열네 살 에이든을 향해 남보다 뛰어나야 한다고 다그치면서 성적과 숙제를 꼼꼼히 챙기는 게 문제였다. 어느 날 밤 평소보다 늦게 확인을 한 토머스는 에이든이 그때까지 숙제를 하지 않았다는 사실을 알게 되었다. 밤이 너무 늦었기 때문에 숙제를 끝낼 시간이 없었다. 고함, 비난, 욕설과 함께 다툼이 벌어졌고 이후 에이든은 집을 뛰쳐나갔다. 전에도 이런 적이 있었고 그때마다 에이든이 곧 집에 돌아왔으므로, 토머스는 에이든이 화가 풀리면 돌아올 것이라고 생각했다. 하지만 이번에는 달랐다. 30분이 지난 후, 토머스는 밖으로 나가 동네를 뒤지며 어둠 속에서 아들을 찾아다녔다. 그러나 어디에도 에이든의 흔적은 보이지 않았다. 2시간이 지나자 토머스는 경찰에 신고할 수밖에 없었다. 다행히

경찰이 에이든을 찾아 집에 데려왔고, 뒤이어 아동보호서비스가 개입하도록 조치했다. 아이와 관련된 사건이 벌어질 때는 그 아이와 같은 집에 사는 다른 미성년자의 안전과 영속성을 보장하기 위해 그렇게 조치를 취하는 것이 규정이었다. 아들이 숙제를 제시간에 끝내고 맡은 일을 완수하기를 원했던 아빠와 10대 아들 사이에서 시작된 평범한 싸움은 그렇게 경찰차의 사이렌으로 끝이 나고… 그리고 내가 개입하게 되었다.

내가 밝혀낸 사실은 이렇다. 아빠 토머스는 학업 면에서 늦깎이 학생이었다. 그는 뒤늦게 마음을 다잡고 공부해서 적당히 좋은 성적을 받았다. 그래서 괜찮은 대학에 입학했지만, 대학에서도 자신을 믿지 못했다. 더 열심히, 더 일찍 노력하지 않았다고 자주 자책하며 여전히 힘겨운 싸움을 했다. 그러다 대학을 졸업하고 안정된 일자리를 얻었지만, 아들은 그렇지 못할까 봐 걱정했다. 토머스는 해결되지 않은 자신의 문제를 에이든에게 투영했던 것이다. 토머스는 에이든으로 인해 감정이 치밀어 오를 때마다 형편없는 학생이었던 자신의 실수를 떠올렸고 '자기 자신'에 대해 마음에 들지 않았던 점을 아들에게서 보았다. 그리고 자신의 악습에 대해 해결되지 않은 문제들을 아들한테 화풀이해서 푸는 악순환이 되풀이되었다. 당연히 에이든은 그에 대한 아빠의 태도가 어디에서 나오는지 이해하지 못했다. 오히려 자신을 향한 확신과 지지가 부족하다고 생각했다. 아빠와 아들 사이는 점점 더 벌어질 수밖에 없었고 신뢰와 이해와 소통은 사라지고 말았다.

이러한 사례는 우리가 지닌 마음의 짐이 양육 방식에 중대한 영향을 미칠 수 있으며, 이를 곰곰이 살펴보는 일이 얼마나 중요한지 잘 보여 준다. 에이든이 기대에 미치지 못하고 있다는 생각이 들 때 자신이 화를 내는 이유에 대해 토머스가 분명히 알고 있었다면, 그에 뒤따르는 트라우마(트라우마가 맞다!)를 에이든이 겪지 않아도 되었을 것이다. 다툼과 경찰의 개입과 아동보호서비스의 방문 그리고 그 여파는 에이든의 뇌 발달에 불필요한 충격을 주었다. 모든 10대의 뇌는 아직 발달이 끝나지 않았다. 아이의 삶에 닥친 두려움이나 안전에 대한 위협은 발달 중인 아이의 뇌에 있는 신경 회로에 각인될 수 있다. 예를 들어 위험이나 잠재적인 폭력이 있을 것 같은 느낌은 어린 뇌에 생명을 위협하는 것으로 인식되는 경우가 많아서, 아이의 일상에 변화가 일어나게 하거나 평범한 일에 이례적인 반응을 보이는 식으로 영향을 끼칠 수 있다.

토머스와 에이든의 사례처럼 당신 또한 아이와 그와 같은 악순환을 거듭하고 있다면, '당신'에게 해결되지 않은 문제가 남아서 부모 역할에 영향을 미치고 있는 것은 아닌지 고려해 볼 필요가 있다. 자신을 더 많이 이해하고 자신의 정서적·정신적 상태를 더 잘 통제할수록 아이와의 관계를 더 잘 유지할 수 있다.

이 사례를 언급한 또 다른 이유는 다양한 양육 방식을 이해하는 데 도움이 될 수 있고, 그것이 바로 이번 장에서 다루려는 내용이기 때문이다. 토머스는 스스로를 제어하지 못했고 그 결과 에이든이 집을 떠나게 되었다. 에이든이 스스로 돌아오지 않은 이유 중 하나는 부분적으로는 아빠가 자신의 감정을 조절하는 힘이 부족하다고 느꼈기 때문이었다. 부모가 통제력을 포기하고 아이가 그 사실을 느낀다면, 대체로 부모가 자신이 한 말이나 행동을 취소하고 해명하며 사실상 통제력을 돌려 달라고 아이에게 요청하는 결과로 이어진다. 중요한 것은 토머스는 에이든에게 필요한 신체적·정서적 안전을 더 이상 제공하고 있지 않다는 것이다. 에이든은 아빠를 두려워하게 되었고 집은 더 이상 영속성을 지닌 안정된 곳이 아니었다.

어떤 아이도 부모를 두려워해서는 안 되기 때문에, 이 같은 순간은 부모와 자식 사이의 역학 관계에 해로울 수 있다. 그렇다면 존경은 어떨까? 존경은 괜찮다. 어느 정도의 긴장과 가끔의 불편도 좋다. 하지만 두려움은 안 된다. 만약 토머스가 마음의 짐을 이해했다면, 감정이 격해질 때 한 걸음 물러설 수 있었을 것이다. 이렇게 간단히 말할 수도 있다. "지금 당장은 우리 둘 다 화가 나서 말해 봤자 도움이 되지 않을 거다. 잠깐 시간을 갖고, 네가 준비가 되면 그때 이 문제를 잘 이야기할 수 있을 거야." 이러한 행동은 당신이 상황을 통제하고 해결하고 싶다는 것뿐 아니라 아이를 존중하고 있다는 것도 보여 준다. 아이는 부모에게 존중받는 기분이 들 때 그 뜻을 따른다. 나는 이런 부모를 균형 있는 부모라고 부른다. 균형 있는 부모는 우리 모두가 간절히 되기를 원해야 하는, 이제부터 자세히 알아 볼 양육 방식의 한 유형이다.

부모 역할 계기판

부모 역할을 3개의 다이얼이 있는 계기판이라고 생각해 보자. 이 3개의 다이얼은 각기 다른 방식의 부모 역할을 의미한다. 각 방식이 존재하는 이유를 이해할 때 부모 역할에 대해 더 분명한 통찰력을 얻을 수 있으며, 자신이 사용하는 방식은 물론 우리의 부모가 했던 방식도 일부 볼 수 있을 것이다. 아이와 관계를 형성해 온 행동 양식을 인지하기 위해서는 이러한 다양한 방식이 가족에게 미칠 수 있는 영향을 바로 알아야 한다. 또한 각 방식을 당신의 부모 역할을 개선하기 위해 활용할 줄 아는 게 중요하다. 그렇게 하면 무엇을 얻고 무엇이 위태로운지 파악한 뒤 그에 대한 이유를 이해해 적절한 변화를 맞이할 수 있을 것이다. 아이가 필요로 하는 일관성과 기초는 물론 아이와 최고의 관계를 맺게 하는 부모 역할의 마법 공식은 올바른 때에 올바른 다이얼을 돌리는 것이다. 어느 한 방식이나 다른 방식에 너무 치우치지 않고 각 다이얼을 딱 적당한 위치에 맞춰야만 균형 있는 부모가 될 수 있고, 그것이야말로 아이들이 우리에게 바라고 필요로 하는 상태다.

이 방식들 가운데 일부는 가족 안에서 위험한 정도까지 긴장과 불균형을 초래할 수 있으므로, 위험이 발생할 수 있는 영역에 유의하라. 부모의 유형에 대한 이러한 구분으로 그동안 불균형하게 부모 역할을 해 왔다고 깨닫게 되더라도, 얼마든지 방향을 조정할 수 있다. 그것이 폭넓은 부모 역할의 유형을 살펴보고 적절한 방식이 확고히 자리 잡을 때까지 부모 역할 계기판의 각 다이얼을 조절하는 정확한 이유다. 배우자와 함께 주로 어떤 식으로 부모 역할을 하고 있는지 살피는 게 가장 이상적이며, 두 사람의 결합된 접근 방식이 어떻게 효과가 있는지 아니면 효과가 없는지를 밝혀내서 함께 노력해야 한다.

독재자형 부모

'독재자'라는 심한 표현을 쓰고 있다고 해서 이 유형의 양육 방식이 모두 나쁜 것은 아니다. 독재자형 부모는 상황에 상관없이 일련의 규칙과 지침을 반드시 고수한다. 그들은 융통성이 부족하며, 아이의 기분이나 상황의 특별함에 상관없이, 아이가 부모의 의사 결정에 자신의 의견을 내거나 재량권을 행사할 수 없다고 느끼게 한다.

아이들은 한계를 필요로 하기 때문에 독재자형 부모가 때로는 효과적일 수 있다. 독재자형 부모의 아이는 그들에게 몹시 필요한 부모의 보호가 어디에 있는지 추측할 필요가 없다. 내게는 취침 습관 관리에 완전히 실패한 한 환자가 있었는데, 치료 과정에서 나는 그녀의 부모 역할 계기판에 있는 독재자형 부모 다이얼을 돌리는 일에 착수했다. 그녀는 어린 시절에 부모의 엄격함을 몹시 싫어했던 터라 의도적으로 이를 피해 왔고, 규칙을 정해서 지키는 일 자체를 꺼렸다. 하지만 내가 말했듯이 마음의 짐에 대응해서 과도하게 수정하면, 우리가 원하지 않거나 더 악화된 상황에 이르게 될 위험이 있다. 실제로 그녀의 경우, 혼란이 온 집안을 장악했고 어린 자녀들은 그들을 잠자리에 들게 하려는 엄마의 성의 없는 시도를 무시하거나 비웃는 등 '정신병자들이 정신병원을 운영하고 있었다(앨런 쿠퍼Alan Cooper 저 『정신병원에서 뛰쳐나온 디자인The Inmates Are Running the Asylum』의 원제-옮긴이).' 이는 어떻게 각 부모 역할 유형의 측면이 각기 다른 때에 필요한지를 보여 주는 한 사례일 뿐이며, 우리는 각 방식의 전형archetype 이면에 무엇이 있는지 이해해야만 한다. 이 경우에는 다이얼 돌리기를 주저하는 엄마의 심리가 있다.

독재자형 부모가 왜 그렇게 행동하는지 더 자세히 살펴보자. 그들은 일반적으로 자신의 해결되지 않은 문제에 대처하기 위해 그들이 정한 틀과 규범을 지키려 한다. 예를 들어 나는 가문을 무엇보다도 중요하게 생각하는 가족을 알고 있다. 내 판단이 아니라 단지 사실을 말하자면, 그 가족의 가장에게 성공이란 오직 하버드나 스탠퍼드 같은 명문대학에서 학위를 받는 것만 의미했다. 여름이 오고 다른 아이들이 휴식 시간을 갖거나 캠프를 가거나 여가활동을 즐길 때, 4학년을 포함한 이 가족의 아이들은 앞으로 다가올 대학 진학에 도움이 될 수 있도록 경쟁력 있는 학업 및 문화 프로그램에 등록했다. 권위적이고 많은 것을 성취한 아빠는 사람의 가치를 판단하는 다른 기준을 배울 기회를 갖지 못했기 때문에, 그것은 너무 빠르지도 결코 충분하지도 않았다. '성취한 결과를 보면 그 사람을 알 수 있다. 가장 최근에 받은 성적표가 그 사람의 가치다. 대학 졸업장이 그 사람의 인생을 말해 준다. 직업과 명성은 그 사람의 정체성·가치와 분리할 수 없는 중요한 부분이다. 어떤 실수도 우리를 인생의 경로에서 벗어나게 할 수 있으며, 그의 생각에 인생은 오직 한 가지 길뿐이므로 그 어떤 실수도 치명적이다.' 이런 것들이야말로 그의 아버지가 평생 집안에 주입했던 메시지였고, 이제 그가 자신의 아이들에게 불어넣고 있었다. 상황이 복잡한 이유는 그것이 그가 아이들에게 진심으로 원하는 것인지 아니면 자기 인생의 제한된 선택에 너무 화가 나서 아이들에게 분풀이하는 것인지 정확히 알 수 없기 때문이다. 하지만 어느 쪽이든 간에, 아이들은 아빠의 제한된 정의를 넘어서서 성공의 의미를 재정립하고, 아빠의 완고한 기대에 부담을 느끼지 않을 자격이 있다.

모든 독재자형 부모가 자신의 양육 방식을 알고 있지는 않다. 따라서 1단계는 자신의 해로운 행동 양식을 깨닫고 2단계는 그것을 다루는 것이다. 여기에서 반드시 알아야 하는 사실은 아무리 아이를 키우는 방식이 자신이 자라온 방식과 비슷하거나 자신과 아이가 너무 닮아서 많은 사람이 '피는 못 속인다'고 말할지라도, 아이에게는 그들만의 경험이 있다는 점이다. 좋든 나쁘든 아이가 당신이 느꼈던 방식 그대로 반드시 느끼는 것도 아니고, 당신이 했던 그대로 반드시 하는 것도 아니다. 한 걸음 물러서서 자신에게 물어보라. "나는 내 경험을 아이에게 투영하고 있는가? 아이를 진짜 그들의 모습으로 보는가 아니면 내가 보고 싶은 대로 보는가? 그런데 내가 아이에게 원하는 것은 어디에서 생겨난 것일까?" 아이는 당신이 아니며 그들만의 방식으로 세상을 경험하고 당신이 가진 마음의 짐이 그들을 짓누르는 일 없이 진정한 자신이 될 권리를 가질 자격이 있다.

만약 감정이 치밀어 올라서 엄격하고 완고하게 아이를 대하게 된다면, 스스로에게 '과거에서 벗어나 살펴보라'고 제안하자. 자신에 대한 감정으로 아이에게 그런 행동을 하고 있을지도 모른다는 것을 인정해야 한다. 자신의 두려움이나 부족함과 관련됐을 확률이 아주 높고, 아무리 좋은 의도로 할지라도 독재자형 방식은 아이에게 곁을 주지 않으며 아이의 마음을 닫게 할 확률이 더 높다.

독재자형 부모 역할이 필요한 상황에 있는 것 같다고 느껴지면, 실제 무슨 일이 진행되고 있는지 살펴보기 위해 거리를 조금 두도록 한다. 현재 상황에 대한 감정은 어디에서 생겨나는가? 이 상황을 위기로 보게 만든 정보는 어디에서 얻었는가? 현재 벌어지는 상황을 완전히 이해하고 있는가? 과거의 짐이 쓸데없이 중요한 자리를 차지하고 있지는 않은가? 아이에게 무슨 일이 일어나고 있는가? 아이가 하는 행동의 근본 원인을 파악하기 위해 아이와 차분한 대화를 얼마나 많이 할 수 있는가?

자신과 아이에게 무슨 일이 일어나고 있는지 완전히 이해하기 전에 독재자형 부모 역할을 하려 든다면, 부모로서 힘과 권한을 잃을 위험이 있다. 또한 당신이 어설프게 알고 하는 대응에 대해 아이가 "이 상황에 대해 아무것도 모르잖아요!"라는 말로 대꾸할 가능성도 있다. 자신의 경험이 어떻게 아이에 대한 인식을 형성하고 있는지 이해하고, 자신의 감정과 그 감정의 원인, 현 상황에서 무슨 일이 일어나는지를 자세히 알아본 후에야 비로소 솔직하고 영향력 있는 대화를 시작할 수 있다. 자신의 불안을 멀리하는 것 외에 누구에게도 도움이 되지 않는 규칙을 고수하는 대신, 가장 좋은 접근법은 아이와 함께 해결책을 위한 생산적이고 점진적인 방식을 찾는 것이다. 이 모든 일의 최종 결과에는 여전히 규칙이나 일련의 결과를 실행하는 일이 포함될 수도 있다. 아이들에게는 그런 것들이 필요하다! 하지만 그것은 건강하면서 결과를 미리 알게 하는 방식으로 보강된 한계를 만들게 될 것이다. 독재자형 부모의 성향을 잘 조절하면, 아이와 더 멀어지는 대신 가족을 규정지을 본질적인 원칙을 강화하는 식으로 대응할 수 있게 된다. 단지 자신의 해결되지 않은 어린 시절의 일을 투영하거나 그날따라 안 좋은 일이 있어서가 아니라, 아이도 잘 알고 있는 결정이라는 메시지를 보내기 위해 훈육을 활용할 수 있다. 아이를 존중하면서 제대로 된 부모 역할을 하려면 때로는 타당한 결과나 꼭 알맞은 정도의 독재자형 부모 역할을 수반한다.

깃털형 부모

부모 역할 유형의 반대편 끝에는 깃털형 부모가 있다. 당신이 깃털형 부모라면 아무것도 하지 않고 소극적일 때가 많을 것이다. 깃털형 부모는 의도는 좋지만 훈육이나 체계, 규칙을 잘 이행하지 못할 뿐 아니라 한결같은 사랑도 주지 못한다. 그렇다고 깃털형 부모가 아이에게 관심이 없다는 뜻은 아니다. 사실 그들도 아이가 행복하기를 몹시 원하지만 자신이 과거에 충분히 행복하지 않았던 사실에 대응하느라 힘겹다. 하지만 이렇게 지나치게 방임하는 부모 역할은 아이가 성공을 향해 나아가는 데 도움이 되지 않고, 안전과 영속성을 느끼기도 힘들다. 물론 당신이 깃털형 부모라면 악을 쓰거나 소리 지르거나 아이를 두렵게 만들지 않을 테고, 그것은 중요한 일이다. 하지만 공중에 떠 있는 예쁘고 부드러워 보이는 깃털처럼 영향력이 거의 없다. 아이들이 간절히 바라는 효과적인 부모 역할을 제공하지 못하고, 아이들로 하여금 보살핌을 받는다는 기분이 들게 하는 한계를 가르쳐 주지 못한다. 아이가 부모의 말을 마땅히 가져야 하는 존경의 마음으로 듣는 대신 소음으로만 여긴다면, 부모가 어떻게 메시지를 전할 수 있겠는가? 아직은 존경받고 있다 하더라도, 결국 아이는 벌을 받지 않고 그냥 넘어갈 수 있는 행동이 어디까지인지, 당신이 부모로서 얼마나 무능한지에 대해 분명히 알게 될 것이다. 당신이 소극적이고 평범하다면, 아이가 몹시 무례하고 경멸하는 투로 대할 가능성이 매우 높다. 당신이 소극적이고 친절하다면, 만만한 사람으로 여겨져서 가족 내 역할조차 애매해질 것이다. 아이들이 대장 노릇을 하고 제 마음대로 행동하는 순간에도, 사실은 한계와 안전하다고 느끼게 할 결과가 필요하다는 사실을 기억하라.

만약 깃털형 부모가 당신의 방식이라면, 왜 그렇게 하는지 생각해 보기를 강력히 권한다. 무엇이 당신에게 깃털형 부모 역할을 하게 하는가? 본격적으로 훈육을 하게 되면 아이들이 좋아하지 않을까 두려운가? 자신이 한 말을 잘 지키는가? 당신의 부모가 너무 엄격해서 그들과 긍정적인 관계를 맺기 힘들었던 기억 때문에, 이제 정반대로 하고 있는 것은 아닌가? 강압적인 배우자에 반발해서 그렇게 대응하는가? 게을러서 깃털형 부모 역할을 하는가 아니면 능력을 발휘하기 힘든 환경인가? 어떤 깃털형 부모들은 너무나 무기력한 상태에 놓여서 아이가 무엇을 묻는지 생각도 하기 전에 자동적으로 "그래."라고 대답한다. 혹시 지금 그러고 있진 않은가? 당신이 깃털형 부모가 된 동기를 이해할 수 있고, 또 태도를 분명히 해서 단호히 전달하는 것이 올바른 일이라는 것을 완전히 알았다면, 이제 당신은 깃털을 단단하게 만드는 일을 좀 더 편안히 할 수 있을 것이다.

나의 환자 중 하나는 거의 모든 영역에서 깃털형 부모였다. 그녀는 가장 어린아이부터 가장 나이 많은 아이까지 모두가 가족 구조에 기여하고 책임감을 느낄 수 있도록 집안일을 거들게 했다. 하지만 아이들은 침대 정리와 식탁 치우기를 하루만 하고서 흥미를 잃었고, 그녀는 더 이상 시키지 못했다. 또 그녀는 전자기기 사용에 대한 규칙을 가르치고자, 모든 아이가 숙제를 끝내고 30분 간 독서를 할 때까지 아이패드나 텔레비전을 보지 못하게 했다. 하지만 아이들은 엄마가 독서 시간에 지켜보지 않을 것을 너무 잘 알았고, 그 주가 끝날 무렵이 되자 엄마의 지시를 따르지 않게 되었다. 그녀는 아이들이 설탕을 너무 많이 먹는 것을 보고 주말에만 후식을 먹는 방침을 실시하기로 했다. 하지만 월요일 아침마다 아이들은 여전히 선데이 아이스크림을 먹고 있었다. 아이들은 일관성이 없는 방식이 반복될 것을 알고 있었기에 듣는 시늉조차 하지 않았다. 그들은 원하는 대로 무엇이든 할 수 있다는 것을 알고 있었다. 하지만 중요한 것은 아이들은 결국 신뢰할 수 있는 말을 하고 자기가 한 말을 끝까지 지키며 세상을 헤쳐 나가는 데 도움이 되는, 예측할 수 있고 합리적인 체계를 제공하는 부모를 간절히 원한다는 점이다.

깃털형 부모 역할이 문제가 될 수 있는 영역은 단지 훈육에 그치지 않는다. 아홉 살 헬렌은 오후에 열리는 생일 파티에서 주름이 하나도 없는 예쁜 드레스를 입고 싶었다. 헬렌이 직접 드레스를 다림질해도 되냐고 부모에게 물었을 때, 그들은 그렇게 하도록 내버려 두었다. 헬렌의 신경 근육이나 뇌가 충분히 발달하지 못했고, 심지어 다리미대와 펄펄 끓는 뜨거운 다리미를 다룰 힘도 부족하다는 사실은 단 한 순간도 그들의 머릿속에 떠오르지 않았다. 오히려 반대였다. 헬렌의 부모는 어린 헬렌이 새로운 일에 도전하는 열의를 높이 샀으며, 완벽하게 다려진 드레스를 간절히 바라는 어린 딸이 스스로 무언가를 하는 것에 대해 안 된다고 말할 이유를 알지 못했다. 결국 헬렌이 드레스를 다리기 위해 2층으로 올라간 지 몇 분도 채 지나지 않아, 아이는 가슴 위에 뜨거운 다리미를 올려놓은 채 다리미대 아래에 누워서 비명을 질렀다. 아홉 살 아이는 어른의 지도와 지시에 따라 나이에 맞는 일을 해야 한다. 아이가 독립심을 기르는 것은 중요하지만, 아이가 하는 활동의 안전을 책임지는 것은 언제나 어른의 몫이다.

다른 모든 부모 유형처럼 깃털형 부모 역할이 요구되는 때도 있다. 아이가 인생에서 최고의 결실을 맺게 해 줄 자아를 발견하는 중요한 결정을 할 때, 부모의 의견에 크게 무게를 두거나 부모의 기대를 강요하는 일을 막고 충분히 생각할 여지를 주기 위해, 의도적으로 소극적인 역할을 맡을 수도 있다. 아이가 성장하고 성숙하려고 애쓰는 단계에서는 부모가 즉각적으로 대응하는 대신 지켜보면서, 온전히 그들 자신이 될 수 있는 기회를 주어야 한다. 때로는 비록 부모가 운전대를 잡고 있더라도, 아이가 자신이 운전석에 앉아 있다고 생각했을 때 더 나은 방향으로 이끌 수 있기 때문에, 전략상 소극적으로 관여하는 깃털형 부모가 될 수도 있다. 아이가 유난히 자기에게 엄격하다면, 깃털형 부모는 독재자형 부모가 하듯이 고개를 가로젓기보다 안심시켜 줄 필요가 있다. 나는 비싼 통과 의례인 생애 첫 아이폰을 생일 선물로 받은 지 며칠 만에 잃어버린 여중생을 보았다. 딸이 자신의 실수에 대해 엄청난 충격에 휩싸여 자책할 때, 엄마는 타이르기도 하고 지켜보기도 하면서 깃털형 부모 역할을 톡톡히 해내는 놀라운 선견지명을 발휘했다. 책임과 실수와 자신을 용서하는 법에 관해 효과적으로 가르침을 주는 순간이었다. 그 순간에는 깃털형 부모만이 요구된다. 아이 스스로 확실한 선택을 할 수 있도록 궁극의 안전을 느끼게 하고 싶고, 그들이 독립심을 기르는 동안 궁극의 취약성을 경험하게 하고 싶을 때는 깃털형 부모 역할의 다이얼을 돌려라.

시소형 부모

이 유형은 우유부단하거나 아니면 극단적인 두 유형, 독재자형과 깃털형 사이에서 예측하기 어려울 정도로 '동요하는' 부모다. 시소형 부모는 일관성이 없는 양육 방식을 보여 주기 때문에 불안정해 보인다. (실제로도 그렇다.) 어떤 양육 방식이 언제 나올지 일관된 논리가 없고 예측 불가능하다. 어떤 특정한 상황에서 어떤 방식이 주도권을 잡을지 너무 불확실하기 때문에, 아이가 부모를 완전히 무시하거나 아니면 두려움 속에 살아야 하는 혼란스러운 환경을 만든다. 이러한 유형의 부모는 어느 날 화가 나서 컴퓨터 게임을 일주일에 2시간으로 엄격하게 제한하겠다고 아이에게 선언한다. 아이에게 아무런 사전 경고도 없이, 아이가 아는 한 이런 지시를 내릴 만한 어떤 일도 없이, 갑자기 단지 부모가 기분이 좋지 않다는 이유로 규칙이 정해진다. 그 똑같은 부모가 어쩌면 바로 다음 주에 자신의 상황이 나아지거나 단지 마음이 내킨다는 이유로 다음과 같은 말을 한다. "네 할 일을 스스로 잘한다면, 밤새도록 컴퓨터 게임을 해도 좋아. 재미있게 놀아라!"

이렇게 일관성이 없는 부모를 본 아이들은 부모가 모든 것을 통제할 거라고 믿지 않는다. 아이는 무작위로 패가 들어오는 카드 게임을 한다고 느낀다. 자신의 역할이 혹시 있다 해도 무엇인지 이해하지 못하기 때문에, 아무것도 예상하지 못한 채 예측 불가능성을 내면화하고 불안을 겪으며 무기력해진다. 시소형 부모는 하루는 완전히 온순하다가 다음날은 노여움으로 가득 찰 수 있다. 우리는 아이가 안전을 느끼는 것이 얼마나 중요한지 알고 있다. 시소형 부모의 극단적인 심리가 이러한 목적에 도움이 되지 않으며, 아이가 필요로 하는 안정되고 예측 가능한 보호를 충분히 해 줄 수 없다는 사실은 굳이 의사를 만나지 않아도 추측이 가능할 것이다. 안전이 부족한 상태는 아이에게 정서적으로 영향을 끼친다. 아이가 누구와 관계를 맺든 상대방을 신뢰하지 않고 자신도 신뢰하지 않을 가능성이 매우 높다. 언제 무슨 일이 있을지 전혀 모르기 때문에, 땅으로 당겨졌다 하늘 위로 높이 던져지는 시소 위에서 느끼는 감정과 꼭 마찬가지로, 시소형 부모는 아이들을 어지럽고 혼란스럽게 해서 화가 나고 걷잡을 수 없는 기분이 들게 한다. 아이가 주도권을 잡으려고 할 때 부적절한 행동이라고 인식될지도 모르지만, 그것은 사실 아이가 필요로 하는 것을 시소형 부모에게서 얻을 수 없기 때문에 그 힘으로 자신의 감정을 깨닫고 상황의 불확실성과 예측 불가능성을 처리하려고 애쓰는 것이다.

부모가 균형을 잡으려고 노력할 때 시소형 부모 될 수도 있다. 깃털형 부모 다이얼과 독재자형 부모 다이얼의 경우, 각기 반대되는 양육 방식을 같이 활용하는 법을 배우려다 민감해질 수 있다. 가장 좋은 방법은 우리의 대응을 조절하려고 생각하는 것이다. 눈금이 1에서 10까지 있다면 다이얼을 4와 6 사이에 맞추려고 노력하고, 그것이 이 방식들을 활용하는 기본이 되게 해야 한다.

균형 있는 부모 되기

우리 모두는 내면에 양면성을 지니고 있으며, 사랑으로 아이를 키우기 위해 필요한 모든 것이 마찬가지다. 당신이 그 사실을 인지하고 시시각각 변화하는 충동을 조절하며 전략적으로 접근한다면, 자신 안에 있는 서로 다른 측면이 조화를 이루게 하고, 이를 부모 역할을 제대로 해내는 데 활용할 수 있다. 그 순간 당신은 균형 있는 부모가 된다. 당신의 15세 아이가 밤늦게 열리는 파티에 보호자 없이 가고 싶어 하면, 당신에게는 "어림없는 소리!"라고 말하는 한 측면과 "저것도 성장 과정의 일부야."라고 말하는 또 다른 측면이 있을 것이다. 완전히 정상적이다. 아이의 안전이 걱정되겠지만 안 된다고 바로 말하면 더 위험할 수도 있는 상황이 닥칠지 모른다. 당신이 여러 측면을 조화시키려고 애쓰고 있다는 사실을 아이가 알아야 하며, 당신은 어떤 사고를 하든 아이를 신뢰하는 모습을 보여 줌으로써 당신과 아이 사이에 완전히 새로운 차원의 신뢰를 쌓아야 한다. 상호 간의 존중은 오래 지속된다. 아이와 대화를 나눌 때는 당신의 양면성에 대해 솔직한 대화를 주도하라. 호락호락하게 넘어가지 않으면서도, 당신이 제공하는 안전지대 밖으로 나가기를 원하는 아이의 이유에 귀를 기울이고 지지할 수 있다. 아이가 당신을 싫어

하는 일 없이 당신이 걱정을 표현하고 기준을 세울 수 있다. 그게 바로 균형 있는 부모가 할 일이다.

당신은 어린 시절의 어수선하고 정돈되지 않은 집을 떠올릴 수도 있고, 아이가 젖은 수건을 바닥에 팽개쳐 두거나 책상 덮개의 모서리가 접혔을 때 소리 지르고 싶은 충동을 느끼고 있을지도 모른다. 나는 아이에게 책임감을 가르치는 데 전적으로 찬성하지만, 아직도 해결되지 않은 숙제가 남아 있어서 지저분함에 크게 반응하는 독재자형 부모에게는 아니다. 또한 당신이 아이의 판단을 절대적으로 신뢰해서 자유를 굉장히 많이 줄 수는 있지만, 아이는 한계와 "안 돼."라고 말하는 누군가를 간절히 원하기 때문에, 당신의 깃털형 양육 방식이 아이를 치료 시설에 가게 만들 수도 있다. 결국 부모는 어린 시절 마음의 짐을 버리고 아이가 직접 말하는 정보와 실제 상황을 구별하는 법을 배워야 한다.

균형 있는 부모는 부모 역할 유형의 양극단을 반응적이라기보다 전략적으로 활용할 수 있는 사람이다. 그들 앞에 놓인 상황을 면밀히 살펴보고 주어진 순간에 무엇이 가장 생산적인 반응을 이끌어 낼 수 있을지에 대해 뇌의 여러 부분을 활용할 줄 아는 부모다. 상황을 읽고 아이에게서 가장 솔직한 생각과 감정을 얻어 내기 위해 스스로 '깃털형'이 되는 부모다. 아이들이 권위 있는 보호자인 부모와 함께할 때 안전하고 특정 행동에는 예측할 수 있는 결과가 따른다는 것을 보여 주는, 좋은 '독재자'의 속성을 이행할 수 있는 부모다.

완벽한 부모는 없고 누구도 그렇게 되려고 노력할 필요는 없지만, 균형을 갖춘 부모가 될 필요는 있다. 부모와 아이의 관계를 발전시키는 동안, 아이의 욕구에 대응하고 자신의 한계나 선입견을 깨달으며 안전과 보살핌을 제공하는 것을 우선순위에 두어야 한다. 무리한 요구이기는 하지만, 균형 있는 부모는 스스로에게나 아이에게나 마음을 열고 대화를 할 때가 많으므로, 존중과 취약성, 대화, 신뢰가 계속될 것이다. 그것이 안전과 기초를 제공하는 지름길이다!

2부

가족의 가치
실행하기

6장

SWEEP

그 누구도 우리에게 얼마나 인생을 잘 살고 있는지 점수를 매기지 않는다. 혹시 점수표가 존재한다 해도 어떤 잣대로 무엇을 측정하겠는가? 돈을 얼마나 많이 벌었는지 아니면 승진을 얼마나 빨리 했는지가 기준이 될 수 있을까? 새해 결심을 잘 지키고 있는지를 보면 될까? 침대 정리를 잘하고 하루에 만 보를 걸으며 꿈에 그리던 직장에 들어가면 될까? 어른을 위한 성적표는 없으며, 우리가 각자 잘 살고 있는지를 평가하는 방법은 셀 수 없이 많다.

당신에게 전반적인 행복이나 성공을 측정하는 개인적인 방법이 있는지 모르겠지만, 의사인 동시에 부모인 나는 모두에게 적용될 수 있는 나만의 검증된 평가 방법을 만들었다. 이 책의 앞부분에서 사샤와 샘에게 적용했다고 언급한 방법이다. 행복과 성공을 이루기 위해서 반드시 필요한 기본적인 요소들을 삶의 다섯 가지 핵심 영역에 근거해서 평가할 수 있다. 정기적으로 하기를 원한다면 매일, 매주, 매달, 심지어 매 시간마다 해 보자. (답이 시간마다 바뀔지는 모르겠으나 그만큼 간단하다.) 당신 자신, 혹시 있다면 배우자나 동거인, 아이들 각자, 가족 전체를 대상으로 이 방법을 시도할 수도 있다.

'소피 기법'은 자신과 배우자와 가족을 이해하기 위해 필요한, 중요한 정보를 주는 도구들의 모음집이다. 또한 현재 상황을 평가하고 개선되어야 할 점을 정확히 보여 주며 도달하고 싶은 최종 목적지를 알기 위한 전략이다. 이 책의 전체에 걸쳐서 가르치게 될 이 기법은 자신의 행동 양식과 습관을 살펴보는 것, 과거의 중요한 경험이 어떻게 현재에 영향을 주었는지 확인하기 위해 개인사를 돌아보는 것, 가족 전체에 대한 기대를 명백히 나타내 줄 체계적인 일련의 새 기준들을 수립하기 위한 전략들을 포함하고 있다. 소피 기법은 모든 연령대의 아이에게 활용될 수 있으며, 아이에게 바람직한 부모가 되기 위해 필요한 명확성과 자신감을 당신에게 심어 줄 것이다. 당신은 소피 기법을 길잡이로 삼아 가족의 가치를 높이기 위해 합의된 결과에 이르기 위한 계획을 세울 수 있다.

수집해야 하는 정보가 많겠지만, 필요한 사항을 확실히 체크하기 위해 내가 고안한 간단한 과정이 있다. 이는 2단계로 구성되어 있는데, (1) 기본 욕구가 얼마나 잘 충족되고 있는지 평가하기와 (2) 그 욕구를 충족시키기 위한 계획 수립하기를 수반한다. 이 최종 결과는 가족의 진정한 가치를 알고 그 가치를 향상시켜 줄 목표에 도달하기 위한 인생 경로에 당신과 가족을 계속 머물게 할 것이다. 과정은 스위프SWEEP라고 부르지만, 바닥을 쓸라고 하지 않을 테니 걱

2부 가족의 가치 실행하기

정하지 말라. SWEEP는 당신이 어떤 삶을 살고 있는지 간단히 확인하는 각 테스트의 머리글자로 되어 있다. 이 기법은 좋은 상태를 유지하기 위해 가장 필요한 요소에 집중하는 방법이다. 삶이 버겁거나 자신이나 아이에게 갈등을 일으키는 것이 정확히 무엇인지 찾아낼 수 없다면, 가장 좋은 출발점은 SWEEP의 구성 요소를 생각해보는 것이다. 이제 SWEEP의 각 요소를 살펴보자.

S-Sleep: 잠

잠은 우리가 알고 있는 것 이상으로 중요하다. 성인은 뇌와 신체를 재충전하기 위해 약 7~9시간의 휴식이 필요할 뿐만 아니라 그 질도 좋아야 한다. 질과 양 두 측면에서 지속적이고 필수적인 휴식이 없으면 지치게 되고, 비만, 우울증, 기억력 감퇴, 심장 질환 등을 비롯한 건강 문제를 일으킨다. 휴식을 우선적으로 고려하지 않으면 자신이나 가족을 위해 최상의 컨디션을 유지할 수 없다.

지난 코로나19에 대한 최근의 연구에 따르면, 전 세계 인구의 36%가 팬데믹 기간에 스트레스, 업무 일정의 혼란, 건강 문제 등으로 인해 수면 장애를 겪었다. 마찬가지로 미국심리학회에 따르면, 미국 성인의 32%가 팬데믹으로 인해 수면 습관에 영향을 받았다고 한다. 내게는 지금이 SWEEP에서 당신의 'S' 또는 'zzzzz'에 대해 살펴볼 중요한 때인 것 같다.

자신에게 물어보라. "나는 잠을 충분히 자는가? 잠에서 깰 때 활기를 되찾는가? 잠들기 전에 누워서 많은 시간을 보내는가? 야경증이나 몽유병에 걸리지는 않았는가? 자신이나 배우자의 코 고는 소리가 잠을 방해하고 있는가? 잠에 우선순위를 두지 않아서 한밤중까지 소셜 미디어를 하는가? 아침에 시계 알람 소리에 잠을 깨는 것에 신경을 쓰는 만큼 정해진 시각에 잠자리에 드는 것을 심각하게 생각하는가?" 당신이 필요로 하는 변화는 잠을 더 심각하게 받아들이고 수면 위생(그런 게 있다!)을 잘 지키며 성공에 대비할 때 이루어질 것이다. 그저 마그네슘 보충제가 필요할 수도 있고 아니면 다뤄지지 않은 더 심각한 건강 문제가 수면을 방해하고 있을지도 모른다. SWEEP의 이 단계에서는 아직 정확한 원인을 찾거나 의료 전문가의 도움이 필요하지 않으므로 너무 속단하지 말라. 아직은 근본 문제를 인식하거나 해결책을 실행하기보다 현재 상태와 치유가 필요한 곳을 알기 위해 정보를 모으고 있는 중이다.

자신을 위해서도 숙면이 필요하지만, 당신의 수면 습관으로 보여 주는 본보기는 아이에게도 영향을 준다는 사실을 기억하라. 당신의 수면이 이상적이지 않다면, 가정의 취침 습관에서 당신과 아이들의 신체적·정서적 욕구를 충족시켜 줄 체계가 부족할 가능성이 높다. 아이들은 모든 사람의 건강과 행복에 중요한 요소인 잠의 영역에서 일정한 체계와 습관을 가지고 성장하기 위해 잠을 소중히 여기는 본보기를 필요로 한다. 나이에 따라 구체적으로 말하면 세 살 이상의 아이는 보통 하루에 10~14시간 동안 잠을 자야 한다. 부족한 잠은 행동에 문제를 일으키고 제대로 된 의사 결정을 하지 못하는 원인이 될 수 있다. 잠은 아이의 발전에 반드시 필요하다.

W-Work: 일

여기에서 말하는 '일'은 반드시 오전 9시부터 오후 6시까지 근무하는 사무직을 의미하지는 않는다. 목표한 결과를 위해 하루에 몇 시간 동안 신체적·정신적 에너지를 쓰는가를 말한다. 매일의 목적이 있는가? 그 목적을 자주 달성하고 있는가? 그 목적에 대해 어떻게 느끼는가, 즉 진심에서 우러나 행동하며 성취감을 느끼는가 아니면 그저 시간을 잡아먹고 공허함을 남기며 자리만 차지하는가?

코로나19는 일과 관계되는 생활에 전례 없는 영향을 주었다. 우리가 한때 가졌던 경계가 모호해진 원격 근무부터 4,700만 명이 직장을 그만두었던 '대퇴사the Great Resignation(팬데믹 이후 미국에서 상당수 근로자가 퇴사한 현상-옮긴이)'까지, SWEEP의 'W'는 극심한 혼란을 겪었다. 학교가 문을 닫고 아이가 비대면 온라인 수업에 의존하게 되면서 불가피하게 생긴 공백을 부모가 채워야 하는 경우가 많아지자, 부모들은 일상이 완전히 뒤바뀌었다는 사실을 알게 되었다. 재택근무를 하는 어떤 부모들은 출퇴근하는 대신 가족과 귀중한 시간을 더 많이 보낼 수 있었지만, 또 어떤 부모들은 같은 공간에서 일과 부모 역할을 동시에 해야 하는 스트레스에 시달리게 되었다. 종종 부모들은 두 가지를 모두 겪었다. 일에 타격을 입었든 가족이 '뉴 노멀new normal'에서 상당히 이득을 보았든, 전염병의 발발은 새로운 차원의 삶에 집중해야 하는 또 하나의 이유일 수밖에 없었다. 이 경우 분명 성과를 얻을 수 있도록 노력해야겠지만, 마찬가지로 재충전하기 위해 그러한 노력에서 벗어나는 시간도 필요하다. 일과 휴식은 동전의 양면과 같아서 충만하고 건강한 삶을 위해서는 둘 다 있어야 한다.

마찬가지로 아이들과 SWEEP를 할 때는 학업의 관점과 사회성의 관점에서 학교생활을 봐야 한다. 학업과 사회성은 아이 입장에서 일에 해당하며 아이의 목적의식과 자아의식에 큰 자리를 차지한다.

- 아이가 자신을 위한 최고의 교육 환경에 있는가?
- 아이가 나이에 적합한 교육 과정을 통해서 자신감과 지식을 발달시키고 있는가?
- 아이가 힘들어하거나 도움이 더 많이 필요한 곳은 어디인가?
- 아이가 또래들과 적절하고 의미 있는 사회적 상호작용을 하는가? 아이의 지능 지수IQ와 감성 지수EQ가 아이가 '일'하는 시간에 향상되고 있다는 증거가 있는가?
- 팬데믹 이후 학교와 활동에 대한 아이의 관계에서 변화를 알아차렸는가?

아직은 가족에게 도움이 될 수 있는 더 좋은 선택지를 검토하거나 해결책을 실행하라고 하지 않겠다. 이 단계에서는 단순히 사무실에서 보내는 시간이나 집안을 꾸려 가는 일부터 아이의 학교생활이나 직업목표를 위한 노력까지, 가족 전체의 일이 어떻게 돌아가고 있는지 파악하는 게 중요하다.

E-Eating: 식사

건강을 유지하고 활기찬 삶을 위해 음식을 먹는가? 당신이 먹는 음식이 영양분을 제공하는가? 아니면 아무 생각 없이 실제로는 에너지를 고갈시키는 칼로리만 섭취하진 않는가? 알맞은 양의 음식을 먹는가 아니면 배가 너무 꽉 차서 불편해지고 나중에 후회할 때까지 먹는가? 몸에 넣는 것은 그에 따른 결과가 있다는 뜻이며, 현재의 식습관을 이해하는 순간 분명 변할 수 있다.

우리는 음식이 우리에게 미칠 수 있는 영향과 가족 전체에 피해를 줄 수 있는 음식의 힘에 대해 혈당에 초점을 맞춰서 구체적으로 말할 수 있다. 예를 들어 성인과 아이 모두에게 저혈당과 감정 및 행동의 혼란은 큰 연관이 있는데, 이를 아는 사람이 거의 없다는 사실이 늘 나를 놀라게 한다. (혈당이 오직 당뇨병 환자에게만 영향을 주는 것은 아니다.) 따라서 지금부터 그 연관성에 대해 말하고자 한다. 식사 거르기나 탄수화물 줄이기, 지나친 음주, 과도한 운동으로 혈당이 지나치게 낮아지면, 제대로 쉬지 못하고 불안하며 초조해진다. 또한 집중하기 어렵거나 두통이 생기는 등 그 밖에 여러 증상이 나타날 수 있다. 반면에 고혈당증으로 알려진 고혈당은 조절하지 않고 내버려 두면 누구에게나 손상을 끼칠 수 있다. 나는 지금 기분이 좋지 않을 때는 언제나 그래니 스미스(요리나 제과용 사과 품종으로 최초 경작자의 이름을 따서 지었다-옮긴이)로 혈당 수치를 조절해서 기분을 바꿔 주기만 하면 된다고 말하는 것은 아니다. 하지만 기분이 평소보다 좋지 않다면 혈당을 확인해 보는 것이 좋다.

물론 영양의 중요성은 아이에게도 적용된다. 당신은 어떻게 먹고 무엇을 먹으며 언제 먹는지에 관해 아이에게 본보기가 되고 있는가? 아이를 먹이는 일이 매우 중요한 의무라고 생각하는가? 아이가 언제 마지막으로 먹었는지 모르거나 저항이 가장 덜한 패스트푸드를 자주 준다면, 당신의 가족은 번영하기 위해 반드시 필요한 건강하고 일관된 식습관이 부족할 가능성이 크다.

10대 청소년은 놀라울 정도로 기분 변화가 심하고 예측하기 어려우며 우울함을 느낀다. 거기엔 이유가 많지만, 영양 불량까지 그 사이에 있을 필요는 없다. 나는 최근에 행동 장애와 학습 장애가 있고, 빵, 과자, 밀가루로 만든 제품에 많이 들어 있는 글루텐에 거부 반응을 일으키는 셀리악병celiac disease을 앓고 있는 아이를 만났는데, 이 병은 8년 동안이나 진단받지 못했다. 의사들은 주의력결핍 과잉행동장애 약을 처방하고 그 외에 지푸라기라도 잡는 심정으로 다른 진단을 내렸지만, 단 1명의 의료 전문가도 글루텐 알레르기가 영향을 주고 있다는 사실을 밝혀내지 못했다. 마찬가지로 내게는 우울증이 심해서 자살 충동을 느끼는 여성 환자가 있다. 매 식사 후에 그녀의 몸을 사정없이 괴롭히는 갑상선 기능 장애를 발견했을 때야 비로소 그녀는 더 나은 상태가 될 수 있었다. 따라서 자신과 가족이 무엇을, 어떻게 섭취하는지 잘 살펴야 하며, 특정 성분은 신체의 내부와 외부에서 혼란을 일으키는 역할을 할 수 있다. 음식과 관련되어 발생할 수 있는 생물학적인 문제를 정확히 밝혀내기 위해서 의학적 조치가 항상 필요하거나 요구되지는 않지만, 의학적 해법이 필요할 수 있고 많은 가족에게 중요한 수단이 될 수 있다는 사실을 아는 것이 중요하다.

식습관에는 우리가 알고 있는 것보다 훨씬 더 큰 영향을 미치는 다른 측면들이 있다. 당신은 식사 시간을 육체만이 아니라 정신에 활기를 불어넣기 위한 기회로 활용하는가? 당신의 아이들이 시간에 맞춰 건강한 양의 칼로리를 섭취하는 동안, 그들은 이 식사 시간을 휴식을 취하고 사랑하는 사람들과 유대감을 형성하는 기회로도 여기는가? 부모가 일주일에 단 몇 번이라도 가족과 식사하기 위해 할 수 있는 최선을 다하는 것이 얼마나 중요한지는 아무리 강조해도 지나치지 않다. 식사 시간은 가족이 방해받지 않고 함께할 수 있는 시간이다. '식탁에서는 전자기기 보지 않기'와 같은 규칙을 정해 두면, 서로의 눈을 쳐다보고 그날 있었던 일을 얘기할 수 있다. 이를 통해 감정을 공유하고 문제를 해결하기도 하며 주요 뉴스에 대해 말하기도 하는 등 많은 것을 해야 하는 때다. 모든 사람에게는 소통하고 존경받으며 편안함을 느끼는 때가 있어야 한다. 식탁에 주기적으로 함께 앉으면 가족의 의사소통이 전반적으로 향상되며, 부모와 아이의 역학 관계와 형제자매 사이의 유대감도 마찬가지다. 아이가 또래에게 괴롭힘을 당하거나 공부에 문제가 있거나 그들의 마음을 짓누르는 친구 문제에 대해 솔직해질 수 있는 때가 식사 시간이며, 지지를 받고 있고 자기 말을 들어주고 자기를 봐 주는 사람이 있다고 느끼는 때도 식사 시간이다. 우울증·불안·물질 남용의 낮은 발병률, 높은 자존감, 향상된 성적, 강한 회복 탄력성을 비롯해서 함께 식탁에 앉아서 하는 식사의 장점을 입증하는 연구가 무수히 많다.

자신과 아이의 육체, 뇌, 영혼에 영양을 주는 매우 중요한 시간이므로 기회를 놓치지 말라.

E-Emotional Expression: 감정 표현

정서적으로 건강하기 위해서는 생각과 감정을 알아야 한다. 그뿐만 아니라 표현할 줄도 알아야 한다. 그러므로 자신에게 물어보라. "나는 내 감정과 생각을 알고 있는가? 내 감정과 생각을 소중히 여기는가? 나는 내 인생에서 중요한 사람들, 특히 배우자나 아이에게 감정을 표현해서 내 감정을 알게 하는가?" 각 관계는 주기적으로 보살핌이 필요하다.

몹시 짜증나고 감정적이 되었지만 무엇이 그토록 화나게 하는지 남들에게 전할 수 없는 한 아이를 떠올려 보자. 주변 어른은 그 아이에게 이렇게 말한다. "자, 진정하고 무슨 일인지 내가 알 수 있도록 말을 좀 해 봐!" 아이가 복잡하거나 부정적인 감정을 표현하는데 애를 먹을 수 있듯이 어른도 자신의 감정을 이해하고 드러내기 힘들 수 있다. 당신이 무엇을 생각하고 있고 어떻게 느끼고 있는지 소통할 수 없다면, 모두에게 필요한 정서적 안전과 영속성을 확립하기 위해서 주변 사람들과 가까워지기가 굉장히 어려울 것이다.

SWEEP의 모든 측면과 마찬가지로 아이는 당신을 보고 당신에게 배운다. 당신은 생각과 감정을 소통하는 방식에 대해 본보기가 되어 주는가? 당신이 의사소통하고 감정을 표현하는 것을 아이가 볼 때, 그 감정이 진정성, 취약성, 솔직함, 존중을 제대로 보여 주는가? 아이를 대할 때는 어떤가? 아이를 얼마나 사랑하는지 말로 표현하는가 아니면 사랑한다는 말을 입 밖에 꺼내기가 힘이 드는가? 만약 힘들다면 무엇이 감정을 솔직히 드러내는 것을 막는가?

우리의 뇌는 우리의 모든 경험이나 생각에 감정을 부여한다. 이 상적으로 말하면 생각과 감정 사이에 균형을 갖기 위해서, 의사소 통을 할 때 생각과 감정이 50대 50으로 나뉘어야 하고, 50%의 생 각과 50%의 감정이 합쳐져서 100%의 감정 표현이 되어야 한다. 기억하기 쉽도록 그림으로 표현하면 다음과 같다.

50% 머리
어떤 문제에 대해서도 균형 있는 대응
50% 가슴

감정 표현 역시 우리의 건강 전반에 영향을 끼치는 중대한 요소 이며, 코로나19가 문젯거리를 만들었던 또 다른 영역이다. 우리는 마스크를 쓸 때 중요한 감정과 관계도 감춘다. 마스크 착용은 감정 과 비언어적 단서를 인식하는 방식을 상당히 변화시켰으며, 그것은 우리가 서로 관계를 형성하는 방식에 영향을 미쳤다. 사회적 상호 작용의 영역에서 발생하는 변화는 정신 건강의 쇠퇴를 보여 주는 많은 연구에 결부되어 있다. 팬데믹 기간에 경험한 사회적 고립은 모든 사회 계층의 아이들, 특히 여자아이들에게 큰 영향을 주었다. 대면하는 삶이 갑자기 중단되자 아이들은 소셜 미디어를 이용하는 시간이 증가했다. 또한 온라인 공간에서 벌어지는 집단 괴롭힘과 불안 장애와 슬픔을 경험하는 아이들이 증가함에 따라, 그들의 감정 표현에 영향을 미쳤다.

P-Play: 놀이

우리는 모두 인간이고, 인정을 하든 말든 인간은 모두 재미있게 살고 싶어 한다. 하지만 불행히도 즐거운 시간을 보내려 하지 않거나 여러 이유 때문에 어떻게 즐겨야 할지 모른다. '일만 하고 놀지 않으면 우둔한 사람이 된다'는 옛 속담이 있다. 실제로는 우둔함보다 훨씬 더 나쁘므로, '일만 하고 놀지 않으면 건강하지 않은 사람이 되고, 자신과 아이에게 해로울 수 있다'고 말하는 것이 더 정확할 것이다. 물론 그것은 좋은 결과가 아니다.

즐거움이 주목적인 여가 시간에 당신은 무엇을 하는가? 이 질문에 답을 할 수 없다면, 당신의 'SWEEP'에서 'P'가 부족한 것이다. 나이와 상관없이, 우리 모두는 혼자서 즐길 수 있는 활동과 여럿이나 친구와 할 수 있는 활동을 가지고 있어야 한다. 이러한 활동들은 신체적으로나 정신적으로 건강을 유지하게 해 주고 창의적인 배출구 역할을 하며, 심지어 인맥을 형성하거나 삶의 다른 영역을 향상시킬 수 있다. 무엇보다도 어떤 형태의 놀이가 뒤따르든 반드시 즐거움과 기쁨을 가져다준다. 이메일 수신함을 정리하거나 옷장을 정돈하는 일은 포함되지 않는다. 단순히 생산적이거나 가치 있는 일이 아니라 '재미'를 말한다. 여기에는 파티도 포함되지 않는데, 파티는 사람들과 모여 사교 생활을 즐기는 일이긴 하지만, 내가 말하는 놀이의 핵심은 스스로 가장 큰 기쁨을 느낄 수 있게 해 주는 재미이기 때문이다.

놀이는 당신의 전반적인 역할 수행에 중요한 요소이므로, 하찮은 노력이나 삶에서 뜻밖에 얻게 되는 부분으로 여기지 말라. 올바른 놀이를 찾는 것이 삶을 지탱할 수 있게 해 준다고 해도 과언이 아니다. 놀이의 이점에는 자기를 위로하는 법을 배우고, 나쁜 기분을 없애며, 불안을 다스리고, 개인의 정체성을 유지하며, 관점의 폭을 넓히는 것이 포함된다. (그저 즐거운 시간을 보내는 순간에 이 모든 것이 보태지는 것이다!)

부모에게 놀이라는 배출구가 있어야 하는 또 다른 중요한 이유는 그 똑같은 이점을 모두 누릴 수 있는 본보기를 아이에게 보여 줄 수 있기 때문이다. 아이는 부모가 재미를 느끼고 삶을 즐기는 모습을 봐야 한다. 또한 그들이 기쁘고 신나며 참여할 수 있는 자신만의 관심거리를 개발하도록 격려해야 한다. 예를 들어 아이가 자신을 기분 좋게 해 주는 무언가에 관심을 갖거나 소질을 보일 때, 취미는 자기 진정의 능력은 물론 자신감도 발달시켜 준다. 놀이는 SWEEP의 모든 글자 사이에서 건강한 균형을 이루기 위한 필수적인 구성 요소다. 따라서 당신이 놀이를 하고 있지 않다면, 무엇이 당신을 막고 있는지 이해할 때다.

부모 역할은 당신에게서 시작되므로, 당신이 균형 있고 안정되었다고 느낀 다음에야 비로소 제대로 부모 역할을 할 수 있다. 당신은 건강하고 충만한 삶을 누릴 자격이 있으며, 아이에게 살아 있는 본보기가 되어야 하는 사람이다. 신체적으로나 정신적으로 건강한 상태에 있을 때, 아이에게 더 나은 부모, 더 나은 역할 모델 그리고 더 나은 자신이 된다. SWEEP는 아이에게 삶의 가장 중요한 측면을 가르치고 행복의 중요한 다섯 가지 요소에 대해 본보기가 되는 쉽고도 유익한 방법이다. 스스로 SWEEP 하는 법을 아이에게 가르치는 것은 당신이 삶을 살아갈 때 어떤 요소에 대해서도 안전하고 적절하게 대화를 시작하는 출발선을 제공하고, SWEEP 없이는 간과했을지도 모르는 위험에 대해서도 가능한 신속하게 주의를 환기시킨다. SWEEP가 일상이 될 때, 아이들 또한 SWEEP를 실천하면서 알게 된 사실에 대해 평가받지 않고 당신에게 와서 편안히 말할 수 있게 된다.

따라서 SWEEP를 하라. 당신부터 시작해서 아이들, 그리고 가족 전체가 SWEEP를 하라. 완벽한 세상에서는 이러한 삶의 다섯 가지 모든 핵심 분야가 잘 유지되고 있을 것이다. 하지만 우리는 완벽한 세상에 살고 있지 않으며 완벽한 사람이 되려는 목표를 가질 필요도 없다. 우리 모두 스트레스와 여러 문제를 가지고 있기 때문에, SWEEP에 굉장히 몰두하고 있다고 생각할지라도, 이중 어느 한 영역은 예기치 않게 잘못되거나 그 과정에서 다른 사람들에게 영향을 줄 수도 있다. 하지만 주기적으로 검사를 할 수 있는 신뢰할 만한 간단한 방법이 갖춰져 있으므로, 당신은 잘하고 있는지 스스로 평가하고 균형과 행복을 위해 상황을 점검할 수 있다. 나의 경험에 비추어 볼 때 SWEEP의 다섯 요소 중 적어도 세 가지가 좋지 않다고 느껴진다면, 위기를 느끼고 정신을 바짝 차릴 때다. 하지만 SWEEP

를 할 때 가족의 약점이나 개선이 필요한 부분에 너무 주의를 기울이지 말고, 어느 한 가족 구성원이 수치심이나 패배감을 느끼는 정도까지 지목하지 않기를 바란다. 이는 강점을 볼 수 있는 기회이기도 하다. 잘하고 있는 부분에 대해 자신을 칭찬하고 아이들이 자신의 SWEEP에서 긍정적인 면을 알게 하라.

이 시점에서 당신이 해야 할 일은 이러한 삶의 다섯 가지 차원을 자세히 살펴서 찾아낸 결과를 기록하는 것이다. 다시 말하지만 밝혀내기 시작한 문제를 바로잡아야 할 모든 책임이 당신에게 있지는 않다. 어떤 경우에는 관련된 사실을 정확히 알고 이해하기 위해서 의료 전문가의 도움이 필요할 수도 있다. 예를 들어 9시간의 잠이 10대 자녀에게 적당한지 의문이 들 때, 알아차리지도 못하는 사이 갑상선에 문제가 생겨서 기력이 떨어졌을 수도 있다. 염증이 업무 능력을 떨어뜨리는 두통의 원인일 수 있고, 진단받지 않은 우울증이 놀이를 하고 싶지 않은 근본 원인일 수도 있다. 인생이라는 퍼즐에는 너무 많은 조각이 있고, 각 조각은 당신의 가정생활을 저해할 수 있는 가능성이 있기 때문에 나는 이 기법을 만들었다. SWEEP는 그 퍼즐을 단순하게 하고 체계적으로 정리해서, 자리를 잘 잡은 조각 외에 구부러져 모양이 바뀐 조각도 있는지 살펴볼 수 있게 한다.

나는 우리 삶의 이 다섯 가지 측면이 건강의 본질이며, 부모 그 너머로 번영하기 위한 역량의 핵심에 있다고 진심으로 믿는다. 그래서 온 가족이 매년 건강검진을 받을 때 의사와 SWEEP에 대해 상의하기를 제안한다. 빈틈없는 의사라면 당신과 배우자와 아이들에게 이에 대한 질문을 해야 하지만, 모든 의사가 그러지는 않을 것이다. 의사가 아이의 키를 측정하고 또래와 비교할 때 백분위가 어떻게 되는지 확인하면서도 수면이나 식습관에 대해 묻지 않는다면, 그야말로 우려가 되는 상황이다. 과자와 감자튀김만 먹으려고 하는 아이에 대해 "걱정할 필요 없어요. 크면서 없어질 겁니다."라고 의사가 말한다면, 그 또한 걱정스러운 일이다. 의사의 말을 곧이곧대로 받아들이지 말고, 관심 사항을 위한 우선순위를 정하기 위해 SWEEP를 활용하라. 다니는 병원의 의료진 중 누구도 SWEEP의 중요성에 대해 동의하지 않는다면, 병원을 바꿀 것을 고려할 때다.

우리가 얼마나 제대로 된 삶을 사는지에 대한 공식적인 집계는 없지만, SWEEP는 제 역할을 잘하고 있는지를 확인하는 데 가장 필수적인 측면을 단순화한 도구다. 무엇을 해야 할지 모르거나 혼란스럽거나 어디서부터 상황을 호전시켜야 할지 확신이 서지 않는다면, 이 다섯 가지 요소로 시작하라. 많은 이유로 아이는 SWEEP를 해 온 부모가 필요하다. 가장 중요한 것은 당신이 그들 삶의 중요한 요소에 대한 본보기라는 사실이며, 아이는 가족을 꾸려 갈 정신과 육체의 힘을 가진 부모를 필요로 한다. 안정된 부모는 안정된 아이이며, 안정된 가족이다.

로드맵 만들기

SWEEP의 목적은 건강과 행복을 회복하기 위한 계획을 수립하는 데 필요한 정보를 주는 것이다. 각 개인과 가족 전체가 공통 목표로 가득한 새로운 로드맵을 수립하기 위해 이 정보를 함께 받아들이기를 바라지만, 우리는 그 과정 안에서 각자의 진정성을 존중해야 한다. 당신이 아이의 가장 중요한 역할 모델이고, 또한 가족의 전반적인 역학 관계가 아이들과 그들의 행동에 영향을 미친다는 사실을 절대 잊지 말라. 모든 가족 구성원이 같은 목표를 향해 노력하지 않는 것 같다면, 당신이 본보기를 보여 주는 것이 가치 있는 출발점이다.

자신의 SWEEP에서 정보를 추려서 자신과 아이들과 가족 전체를 위한 다섯 가지 요소별 리스트를 각각 따로 만들어 보자. 각자가 어떤 행동을 보여 주고 있다고 여겨지며, 각 구성원은 어디에 집중을 해야 하는가? 가족의 전반적인 역할 방식을 규정하는 공통분모는 무엇인가? 잠을 예로 들어 보자. 아마 아침에 아이를 침대 밖으로 나오게 할 수 없거나 한밤중에 우는 아이를 당신의 침대로 데려오고 있을 것이다. 이 경우에 SWEEP를 제대로 하려면 잠에 집중해야 한다. 이는 각 가족 구성원이 정해진 시간까지 잠자리에 들도록 노력해야 하는 것을 의미한다. 모두를 계속 자기 침대에 있게 하는 것은 물론이고, 카페인, 설탕, TV나 휴대폰을 일정 시간 중단하는 것을 의미할 수도 있다. 새로운 수면 계획에 포함된 모든 구성원과 대화를 하고 왜 이 새로운 한계를 적용해야 하는지 나이에 맞게 설명하라. 모두를 위해 더 나은 수면 습관을 계획하고 실행할 때, 출발점은 당신이지만 가족 전체의 수면 일정이 그려진다.

다음은 자신과 가족이 일에 대해서 어떻게 하고 있는지 살펴볼 것이다. 엄마가 일을 견디기 힘들어하고 아빠가 쉴 새 없이 출장을 다니며 아이들이 학교를 무서워한다면, 개선해야 할 여지가 많다. 다음 단계는 무엇일까? 집에 더 많이 꾸준히 있기 위해서, 출장 일정의 조정, 회의에 대한 한계 설정, 퇴근 후 일정 줄이기 등 몇몇 의견이 포함될 것이다. 어떤 극단적 사례에서는 부모 중 한쪽이 새 직장을 구하거나 가족을 위해 더 적당한 직업을 구하기도 한다. 아이에게 발생하는 문제를 다루는 과정에는 교사, 학교 관리자, 코치와 상담 약속을 잡거나 검사를 받는 일이 포함될 수 있다.

식사 로드맵은 일주일에 최소한 세 번은 가족이 저녁을 함께 먹고, 배달시켜 먹는 대신 건강한 음식을 요리하며, 식탁에서는 전자기기 사용을 제한하거나 영양가 있는 점심 도시락을 싸기 위해 아침 일찍 일어나는 일 등이 수반될 것이다. 감정 표현에 관해서는 부

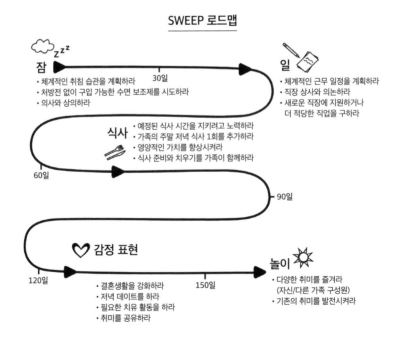

SWEEP 로드맵

잠
• 체계적인 취침 습관을 계획하라   30일
• 처방전 없이 구입 가능한 수면 보조제를 시도하라
• 의사와 상의하라

일
• 체계적인 근무 일정을 계획하라
• 직장 상사와 의논하라
• 새로운 직장에 지원하거나
  더 적당한 직업을 구하라

식사   • 예정된 식사 시간을 지키려고 노력하라
        • 가족의 주말 저녁 식사 1회를 추가하라
        • 영양적인 가치를 향상시켜라
60일   • 식사 준비와 치우기를 가족이 함께하라

90일

♡ 감정 표현
120일   • 결혼생활을 강화하라   150일
          • 저녁 데이트를 하라
          • 필요한 치유 활동을 하라
          • 취미를 공유하라

놀이
• 다양한 취미를 즐겨라
  (자신/다른 가족 구성원)
• 기존의 취미를 발전시켜라

모가 서로 좀 더 가까워져야 하고 관계를 발전시킬 기회가 필요하므로, 한 달에 한 번은 반드시 저녁 데이트를 한다고 알릴 수도 있다. 어쩌면 가장 큰 장애물은 아이들에게 좋게 대화하는 법을 가르쳐서 싸우지 않게 하는 것일 수도 있다. 마찬가지로 놀이는 뜨개질을 위한 시간을 내는 일처럼 간단할 수도 있지만, 긴장을 늦추고 즐거움을 찾는 일이 왜 그토록 어려운지 밝혀내기 위해 깊이 분석하는 일이 포함될 수도 있다.

아이들이 당신에게 배운다는 사실을 인지하고, 개선할 시기가 가장 무르익은 영역을 확인해서 SWEEP의 각 구성 요소를 실행하라. 그리고 나서 아이들, 배우자, 가족 전체를 위해서 SWEEP를 하라. 가족의 체계를 다시 세우고 계획하는 것이 때로는 감당하기 어려울 수도 있지만, 이는 가족의 장기적인 가치를 향상시키는 방법이라는 사실을 기억하라. 아이들의 나이에 따라 당신이 전부 만든 로드맵을 공유할 수도 있다. 그들이 정리된 내용을 본 후 필요하다면 내용에 대해 말할 수도 있을 것이다. 목표를 세우고 주의가 필요한 각 요소에 대한 행동 방침을 정할 때, 영원히 따라야 할 가장 가치가 있는 로드맵을 완성하게 될 것이다.

7장

가족사진의 다섯 가지 필수 요소

모든 가족 구성원에 대한 검사를 하고 마음의 짐을 다시 싸기 시작했다면, 이번 장에서 할 일에 대한 준비를 제대로 갖춘 것이다. 이번 장에서는 가족을 바라보는 새로운 방식을 수립할 예정인데, SWEEP가 가족이 처해 있던 악순환을 끊는 방법이라면, 이번 실천법은 모두가 앞으로 나아가기 위해 새로운 목적의식과 정체성을 확립하게 해 줄 것이다.

가족의 가치를 가족사진이라고 생각하라. 부모로서 인생의 어느 시점에 있든, 이 비유는 그 사진을 둘도 없이 특별한 걸작으로 계속 유지하는 데 필요한 여러 구성 요소를 이해할 수 있게 해 준다. 물론 가끔은 흠이 있고 완벽하지 않을 수도 있다. 그럼에도 불구하고 이는 아름답고 강하며 진짜인데다 목적의식이 있는 예술품이다. 이제 당신이 지닌 가장 귀중한 소유물의 각 측면을 이해해 보자.

2부 가족의 가치 실행하기

가족사진은 그 가치가 매우 크므로 유리를 끼운 사진틀에 넣어 안전하게 보호해야 한다. 이것은 가족의 문화와 전통이며, 나아가 가족을 보호하고 모든 것을 제자리에 있게 해 준다. 사진 그 자체는 가족의 삶이다. 어떤 좋은 그림과 마찬가지로 당신의 사진은 특별하다. 이 사진을 견고하게 유지하기 위해서 단일체로서 강한 정체성인 틀, 기초가 되는 가치, 수고를 아끼지 않는 팔이 필요하다. 그 틀 안에서조차 보살피고 보호하는 적극적인 과정을 통해 안전하고 온전하게 보존하도록 유의해야 하며, 방치하는 순간 바로 먼지가 앉거나 부서져서 틀 안의 사진을 즐기거나 소중히 간직할 수 없게 된다.

사진을 지하실에 보관한다면, 누구도 사진을 보거나 관심을 가질 수 없을 것이다. 대신 사진의 중심 역할과 기품을 끊임없이 상기할 수 있도록 눈에 잘 띄는 곳에 걸어야 다른 사람에게도 자랑스럽게 보여 줄 수 있다. 마침내 당신은 가족사진을 안전하게 걸었다. 그것은 위기를 예측하는 수단과 능력, 위기를 견뎌내는 안정성과 같다. 아무리 사진을 안전하게 걸었더라도 좌우로 약간씩 움직일 수 있다. 하지만 벽에서 떨어지지 않을 거라는 확신이 있다면, 이 소중한 소유물이 계속 최상의 형태를 유지할 거라고 안심할 수 있다.

이번 장에서 우리는 가족사진의 다섯 가지 필수 요소를 살펴보고자 하며, 그것은 가족사진의 가치를 지켜 주는 핵심 성분이다. 간단히 말해서 이 핵심 요소가 없다면 사진은 왜곡되거나 본질에 의문이 생길 수 있다. 가족이 최우선이라는 사실을 타협할 수 없는 출발점으로 삼아, 각 필수 요소를 자세히 살펴보자.

가족의 생활 신조는 목적 있는 삶을 향한 중요한 구성 요소이며, 가족의 정체성을 확립하는 데 도움을 주었다. 가족의 정체성은 각 구성원의 자기 정체성으로 구성되며, 가족 전체가 가정과 더 큰 세상에서 어떻게 기능하는지도 고려한다. 가족의 강한 정체성은 가족이 의미 있고 기쁨이 넘치는 삶을 살 수 있게 해 준다. 정체성은 역경, 중요하지만 힘든 결정, 모든 가족에게 예상될 수 있는 난관과 장애를 헤쳐 나가는 데 도움이 된다. 정체성의 일부에는 가족의 행동 기준이 포함된다. 가족의 모든 구성원이 행동을 지배하는 규칙이 있다는 사실을 이해하는 것이 중요한데, 이는 우리가 어떻게 자신을 제어하고 다른 가족 구성원에게 공감하며 세상에서 어떻게 행동하는지에 대해 책임감을 가져야 하기 때문이다. 마치 CEO가 자신의 기업을 운영하고 직원들을 점검하듯이, 가족을 위한 행동 규범을 만들어야 한다. 가족의 생활 신조에 의거하여, 가족을 안전하고 존중하는 상태로 유지하기 위해 도움이 될 행동과 규칙의 허용 기준을 위한 토대를 만들라. 너무 빈틈없어서 필요 이상으로 제약해도 안 되고 너무 느슨해서 적절한 한계가 없어도 안 되므로, 기준 사이에 균형을 찾아야 한다.

이 기준을 세우는 한 가지 방법은 배우자와 나머지 가족들과 상의하는 것이다. 아이들을 과정에 포함시키는 것은 그들이 이해 당사자라고 느끼게 하고, 규칙이 필요한 이유에 관해 통찰력을 주며, 그들이 해야 할 일에 대해 분명히 알게 만든다. 아이가 규칙을 만들게 하라는 뜻은 아니다. 가족의 관리자로서 당신은 한계에 대해 단호한 태도를 보여야 하며, 그것이 어른의 책임이라는 사실을 분명히 하는 것이 중요하다. 하지만 이것은 가족의 모든 구성원에게 그런 규칙이 왜 존재하며 무엇을 보호하려고 있는지 분명히 알려 주는 기회다. 행동 기준을 가족사진을 둘러싼 틀로 제시할 때, 이 규칙이 무엇을 보호하기 위해 만들어졌는지 모두가 이해하기가 쉬워진다.

가족과 함께하라: 사진 촬영 하기

안전하고 보살핌을 주는 가족 구조는 모든 가족 구성원이 가족 내 다른 구성원에게 인정받고 소중히 여겨진다고 느끼는 것을 의미한다. 그것을 확실히 하는 것이 부모인 당신의 일이다. 심각한 행동 문제와 정서 문제의 중심에는 가족에게 너무 자주 거부되거나 단절되었다고 느끼는 아이의 인식이 있다. 이런 문제를 피하기 위해서는 아이와 긴밀한 관계를 유지해야 한다. 가정을 건사하거나 집 밖에서 일하거나 다른 맡은 일을 모두 끝내는 사이에 아이와의 의미 있는 관계를 잃기 쉬우므, 당신은 절대 그래서는 안 된다. 많은 경우 가족 구성원들의 진실한 관계가 부족하고, 마치 바다에서 지나가는 배처럼 기능한다. 그들은 같은 공간에 있으면서 서로가 지나간 자리 주위를 맴돌고 결코 접촉하지 않는다.

　매일 아이와 함께할 시간의 시작점을 찾아라. 시작점은 부모에게 편한 만큼 아이에게도 편한 시간이어야 한다. 가족의 성향이나 아이들의 나이에 따라 달라질 수는 있지만, 가족을 결합하는 이런 활동에는 가족의 저녁 식사, 아이 이불 덮어 주기, 숙제 도와주기 등이 포함될 수 있다. 10대 자녀와 건성으로 하는 투덜거림 이상의 대화가 이어지려면 제한적이더라도 지속할 수 있는 시간을 만들어야 하고, 그때는 부모와 아이가 전자기기를 내려놓게 한 다음 서로를 쳐다봐야 한다.

가족을 재정적으로 부양하는 것은 매우 중요하다. 당신이 생계를 유지하고 또 그 이상을 하기 위해 얼마나 열심히 일하는지 과소평가하는 것이 아니다. 나는 부모가 화가 너무 나서 혹은 죄책감이나 감사하는 마음을 끌어내기 위한 의도가 아니라면, 식탁에 음식이 오르게 하려고 부모가 얼마나 많은 일을 하고 있는지 아이가 아는 것이 중요하다고 생각한다. 집세나 대출금을 내는 것을 강조하란 말이 아니다. 아이의 나이에 따라 가족을 부양하기 위해 부모가 무엇을 해야 하는지 아이에게 알려 주고, 함께하는 성공에 힘을 보태기 위해 당신과 아이들과 가족 구성원 전체가 무엇을 할 수 있는지를 인식하게끔 해야 한다. 하지만 앞에서 말했듯이, 가족은 단지 신체적 안전만이 아니라 정서적 안전도 필요하다. 아이를 지지하기 위해 최근에 한 미술 과제에 감탄하면서 관심을 보일 수도 있고, 학교에서 친구 관계를 원만히 하도록 도울 수도 있다. 말이나 행동으로 그들에게 "나는 하루종일 일하느라 기진맥진했어. 이제 뭐 하라는 거지?"라는 뜻을 전하는 순간, '부모님은 내게 관심이 없어. 그러니 난 가치 없는 사람이 틀림없어'라는 생각이 그들의 마음속 깊이 자리 잡으면서 자존감이 상처받는다.

아이 곁에 있어 주기 위해 엄청난 시간이 걸릴 필요는 없으며,

함께할 기회를 가질 방법은 매우 많다. 글자 그대로 "나는 너를 보고 있고 또 너를 사랑해."를 표현하기 위해, 당신만의 특별한 악수를 하는 10초로도 충분하다. 아이의 일정을 알고 아이의 관심사에 참여하는 것은 좋은 관계를 유지하는 방법이다. 아이의 학교 프로젝트, 다음 발표회 또는 친구들과 놀러 간 일에 관해 최근 정보를 알고 있다면, 당신은 아이의 마음속 최우선 순위에 유대감을 형성할 준비가 잘 되어 있는 것이다. 스포츠, 갈등 해결, 시험 준비 등 그들에게 중요한 무엇이든 관심을 보이고 지지해 준다면, 그들은 이해받는다고 느끼며 당신을 신뢰할 것이다.

서로 함께하는 매우 좋은 방법 한 가지는 최소한 하루에 한 번 아이가 잘한 일을 찾아서 말하는 것이다. 아이가 도넛 가게에서 당신 뒤에 들어오는 할아버지를 위해 문을 잡고 있는 것을 본다면, 그 사실을 알은 체하라. 친구의 집에 가서 자기 전에 처음으로 혼자 짐을 싸면, 잘했다고 말하라. 장난감을 친구와 함께 가지고 노는 유아든, 처음 독립해서 잘 지내고 있는 대학생 자녀이든, 그들이 잘하고 있는 것을 찾으려고 노력하라. 그리고 한 단계 더 나아가 진심을 담아 칭찬하라. 눈에 보이는 무언가나 중대한 순간일 필요는 없으며 아이의 좋은 의도를 알아차리는 것만으로도 효과가 있다. 시간이 지나면서 아이의 강점과 성장에 더 집중할수록 아이의 '불안정한 행동'은 없어질 것이다. 아직 미성숙하기 때문에 불안정하다. 이런 방법들은 아이의 안전감과 영속성을 향상시켜 주는 중요한 도구들이고, 결국 안정되고 친밀한 가족이 되도록 보장한다.

날마다 아이와 함께하는 시간에 더해 가족이 지속적으로 함께 보내는 소중한 시간을 일상에 포함시켜라. 세워진 계획을 항상 실행하는 것이 가능하지 않을 수는 있지만, 가족과 함께하는 의미 있는 시간을 정하고 지켜야만 한다. 당신이 그 시간에 우선순위를 두고 아이가 그것을 예상할 수 있다는 것을 알 때, 가족의 긍정적인 일상은 모두에게 안전, 예측 가능성, 의미를 부여하는 가족 구조의 필수적인 부분이 될 것이다. 몇 시간 동안 계속해야 한다는 말은 아니며, 양보다 질이 좋은 시간quality time을 보내는 게 중요하다. 지속성이 핵심이므로 일회성 행사로 그쳐서는 안 된다. 만일 가족과 보내는 시간을 방해하는 것이 있다면, 그것을 일상에서 없애거나 부차적으로 할 방법을 찾아야 한다. 물론 당신의 일과 겹친다고 해서 직장을 그만둘 수는 없겠지만 아이와 양질의 시간을 더 많이 보내기 위해서 부수적인 일들을 건너뛰거나 다른 책무들을 미뤄 두어야 한다.

가족과 보내는 시간을 나중으로 미루거나 다시 일정을 잡을 수 있다고 생각하지 말고, 지키기로 한 다른 모든 약속과 똑같이 중요하게 대해야 한다. 잠시 짬을 내서 운동하려고 직장 상사와의 회의를 임박해서 취소하겠는가? 장을 보거나 친구와 커피 한 잔을 하려고 교대 근무 시간을 놓치겠는가? 달력에 표시한 가족과 함께하는 시간도 마찬가지다. 가족에게 그들을 위해 규칙적으로 함께하는 모습을 보이는 것은 효과가 크다. 그렇게 하는 것이 당신이 할 일이다. 또한 가족이 최우선이라는 본보기를 보이면, 소중한 가족사진의 가치를 보호하는 데 큰 도움이 될 것이다.

수용: 가족사진에서 각자 원하는 자세 허용하기

가족사진을 위해 아무리 다 같이 카키색 바지에 데님 셔츠로 맞춰 입었을지라도, 당신은 각자의 개성이 빛나기를 원할 것이다. 그들의 인간적 매력은 특정한 자세와 미소, 치켜올린 눈썹, 눈빛, 개성을 보여 주는 다른 어떤 미묘한 차이로도 살아날 수 있다. 마찬가지로 안전하고 보살핌을 주는 가족 구조는 모든 가족 구성원이 독특한 개성을 살리고 진정성을 보일 여지를 남긴다. 가족 구성원이 진정한 자신이 된다는 것은 무슨 뜻인가? 각자가 그들만의 정신과 특성을 있는 그대로 표현할 자유가 있고 지지를 받는다는 것을 의미한다. 맞춰 입은 옷처럼 가족에게는 여전히 동일한 규칙이 있고, 아이들은 그 규칙에 동의하지 않더라도 따라야 한다. 하지만 가족사진에서 보이는 개성이 넘치는 자세와 장난기 많은 미소처럼, 아이들은 가족의 틀 안에서 진정한 자신이 되는 것이 그들의 특권이라고 느낄 필요가 있고 또 그래야 한다. 그들이 여전히 가족 전체의 일부로서 역할을 하지만, 그들의 개별적 본질은 사진에서 분명히 드러난다. 각 가족 구성원의 진정성을 기르는 것이 가족이 커질수록 더 힘들어질 수도 있지만, 아이가 몇 명이든 그들의 관심사가 얼마나 다양하든 반드시 필요하고 실행될 수 있다.

역할 모델이 되는 목적은 또 하나의 작은 당신을 만드는 것이 아니다. 아이가 진정한 자아를 찾는 대신 당신과 똑같아야 한다는 압박을 너무 많이 받거나 반대로 달라야 한다거나 아니면 당신의 기대를 충족시키지 못하는 탓에 비난받는다고 느낀다면, 그러한 거부는 어쩌면 평생 그들을 짓누를 것이다. 아이가 진정한 자신의 색으로 빛나도록 격려하는가? 아이가 자신의 진짜 모습을 감추고 싶어 하는 욕구를 느낄 가능성이 있는가? 아이가 친구나 나쁜 패거리에서 집단의식을 느끼며 받아들여진다고 생각하는가?

한 번은 딸의 성 정체성을 받아들이지 못했던 부모 사례를 다룬 적이 있었다. 그 부모는 좋은 사람들이었지만 딸의 정체성을 부끄러워하며 멀리했고, 결국 그녀는 마약에 중독된 노숙자가 되었다. 엄마가 자신의 방식에서 잘못을 깨달았을 때, 미안한 마음에 아무도 그들의 관계를 알지 못하는 선에서 딸과 연락하고 지낼 방법을 찾았다. 엄마는 매우 혼란스러운 메시지를 딸에게 보냈다. "얘야, 나는 너를 사랑한단다. 하지만 모두에게 알려 주고 싶을 만큼은 아니야." 그녀에게 필요했던 것은 자신의 성 정체성이 무엇이든 자신이 이해받고 있다고 느끼는 것이었으며, 그 일 역시 가족의 가치에 포함되어야 했다. 가족이 단절된 관계를 회복하기 위해 노력하는 동안, 그녀는 신체적 안전과 가족의 영속성을 제공받기 위해 그들에게 의지할 수 있다는 것을 알아야 했다. 아이가 자신의 본 모습을 이유로 가족에서 쫓겨나고 멀어지는 게 아니라 그와는 반대로 가족의 일원이라고 느낄 수 있어야 했다.

이 사례는 극단적으로 보이지만, 모든 아이의 개성은 받아들여져야 한다는 보편적인 진실을 담고 있다. 간단히 말해서 아이가 가족의 틀 안에서 자신의 개성을 표현하도록 허락되지 않는다면, 아이는 가족의 틀 안에 있고 싶지 않을 것이다.

수용의 기술을 연습하는 한 가지 방법은 다양한 경험에 노출되는 것이다. 우연히도 이 방법은 가족과 함께 보내는 시간을 일상으로 발전시키라는 새로운 지침과 중복될 수 있다. 매월 첫째 일요일에 산책로를 함께 거닐거나 새로운 요리를 시도해 볼 수도 있을 것이다. 음악, 미술, 문학, 과학, 정치, 여행, 스포츠, 일 등 세상을 다양한 시각으로 이해할 수 있는 가족의 일원이라는 사실을 아이에게 보여 주라. 특히 부모를 통해서 아이가 다방면에 더 많이 노출될수록, 그들은 자신의 마음을 움직이거나 자신에게 영감을 주는 것을 발견하는 일이 더 안전하다고 느낄 것이다. 아이가 개성의 새로운 면을 개발하고 새 관심사를 탐구하는 동안, 당신은 아이가 다양한 방식으로 놀 수 있게 해 줘야 한다. 이것은 재미를 주고 공통점을 갖게 할뿐 아니라 회복 탄력성을 지니기 위해 필요한 능력을 갖출 수 있게 한다. 지금은 열정이라 여기지만 나중에는 힘든 시기를 이겨 내는 기초가 될 것이다. 예를 들어 미술 시간을 좋아하는 아이는 삶이 힘들어질 때 그림이 마음을 달래 주는 방법이라는 것을 알게 될 것이다. 아이가 피아노를 접하고 배운다면 음악과의 교감이 삶을 지탱할 수 있게 한다.

아이에게 다차원 인간이 되는 길을 제공함으로써 그들의 삶은 향상되고 당신과의 관계도 마찬가지이다. 이는 당신이 시작점이기 때문이다. 따라서 아이가 관심을 보였을 때 재능을 개발하도록 돕고, 아이의 능력과 확고한 결심을 알아보며, 이끌어 낸 결과에 확신을 갖도록 지지할 의무가 당신에게 있다. 아이가 일시적인 관심을 보일 때마다 새로운 취미나 교습에 많은 돈을 쓸 필요는 없지만, 삶이 제공하는 모든 영역에 아이를 노출시켜 열정을 일으키는 무언가가 있을 때 말할 수 있게 해야 한다.

물론 아이가 목표를 세우고 성공을 향해 나아가도록 돕는 것도 중요하지만, 단지 그것이 다는 아니다. 아이의 강점과 관심은 아이가 어떤 사람인지를 규정하는 요소이므로, 강점과 관심을 알고 존중하며 지지해야 한다. 아이의 발표회에 가고, 자랑스러움으로 마음이 터질 것 같을 때 응원하며, 비난하고 싶은 욕구를 느낄 때는 입을 다물고, 특히 10대에게는 더욱 그래야 한다. 쉽지 않겠지만 아이의 관심사를 발달시키고 관계를 유지하는 것이 목적이라면 더욱 그래야 한다. 필요할 때는 입을 다물고 참아야 한다.

　각 가족 구성원이 다양한 관심을 받아들여 그들만의 색을 드러낼 때, 그것에 대해 농담을 하거나 놀릴 생각은 아예 하지 말라. 다른 가족 구성원을 부당하게 이용할 수 있는 어떤 대화도 피하라. 사랑을 담아 견해를 말하려 하거나 해가 되지 않게 놀린다고 생각할지라도, 아이는 자신이 받아들여지지 않는다고 의심하면 더 이상 자기표현을 하지 않을 것이다. 많은 가족이 서로에 대해 어떤 특징을 들춰내어 끊임없이 놀리고, 심지어 집이 아닌 다른 장소에서 가족의 농담거리가 되곤 한다. 결국 역효과를 낳는 행동이므로, 그런 역학 관계는 시작해선 안 된다. 때로는 화가 나서 때로는 농담으로, 그 외에도 다양한 의도가 있었겠지만 그로 인해 겪게 되는 손해는 다양할 수 있다. 어린 조니가 지닌 만화책에 대한 집착을 놀리는 것이 다른 사람들은 재미처럼 보일지도 모르지만, 어린 조니의 당황스러움과 창피함은 커질 수도 있고, 그렇게 되면 그의 정서발달과 자아상에 영향을 줄 수 있다.

　대신에 각자의 강점에 초점을 맞추라. 강점을 기르고 포용하고 서로 지지하라. 얼마나 대단한 가족인지 광고하는 데 강점을 활용하라. 이렇게 가족 구성원이 서로 지지한다면, 당신의 가족은 각자의 진정한 모습을 받아들이고 격려하고 있는 것이다.

가족의 생활 신조를 확립하라: 틀 구축하기

가족사진을 지탱하기 위해 어떤 종류의 틀을 원하는가? 이 질문에 대한 답을 하기 위해서는 가족의 생활 신조를 분명히 규정해야 한다. 기업이나 어떤 잘 구성된 조직이 그러하듯이, 가족이 추구하는 바를 분명히 표현할 수 있는 가족의 목표 선언문이 필요하다. 어떤 특성을 가장 높이 평가하는가? 공감, 정직, 노력의 순서로 우선순위를 두는가? 유머, 세속적인 것, 금전적인 성공은 어떤가? 어떻게 세상을 헤쳐 나가기를 바라는가? 자신과 가족 구성원이 어떻게 인식되기를 원하는가? 우리 가족의 유산은 무엇일지에 관한 중심 원칙이 있는가? 생활 신조는 당신이 가족의 가치를 확인하고, 가족 구성원 모두가 그 가치를 명확히 이해하기 위해서 중요하다. 애초에 가족의 가치가 무엇인지 분명히 밝히고 공유하지 않는다면, 아이들이 지금 그리고 앞으로 몇 년 동안 가족의 가치를 지킬 것이라고 어떻게 기대할 수 있겠는가?

당신이 가족의 CEO이므로, 가족회의를 소집해서 당신 개인에게 가장 중요한 것과 가족의 기반이 되기를 바라는 가치에 대해 나머지 가족 구성원과 논의하라. 아이들도 이해 당사자이며 그들 또한 회의 결과를 받아들여야 하기에, 아이의 나이에 따라 적절히 참여할 수 있도록 한다. 무엇이 본질적으로 가족을 규정하는가에 관한 중요한 논의 외에도, 각 가족 구성원이 다음 질문에 대해서 생각해 볼 수 있다.

- 가족의 어떤 점을 가장 좋아하는가?
- 가족의 어떤 점을 가장 부끄러워하는가?
- 가족의 어떤 점이 가장 자랑스러운가?
- 하루의 끝에 당신을 집에 돌아오고 싶게 하는 것은 무엇인가?
- 무엇이 가족의 유산이기를 바라는가? 당신의 아이와 손주가 무엇을 하고 어떤 사람이기를 바라는가?

이 질문들은 가족 생활 신조의 세부 내용을 조정하는 토의를 시작하게끔 해 주고, 현재 가족이 처한 상황에 대한 통찰력을 이끌어 낸다. 당신은 당신의 부모 역할에서 부족한 점, 성공적인 점, 다루어야 할 위험신호에 대해 알게 될 것이다.

문화의 실천과 관습을 구현하라: 액자 유리를 규칙적으로 닦기

가족의 유산을 깊이 이해하기 위해 강한 뿌리보다 더 좋은 것은 없으며, 뿌리는 역사에서 나온다. 지난 세월 가족의 이야기를 말하는 것은 매우 강한 효과를 지닌다. 아사이베리는 매우 작은 열매이지만 건강한 생활 방식을 유지하는 데 매우 효과적인데, 가족의 이야기도 이와 비슷하다. 짧고 겉으로는 중요해 보이지 않을 수 있지만, 아이들에게 그들이 어디에서 왔고 어떤 사람인지를 알게 하는 힘을 지닌다. 이런 강한 가족 의식과 정체성은 때때로 가장 예상치 못할 때 확립된다.

당신의 딸이 고등학교를 졸업한 후 대륙의 반대편 해안에 있는 대학으로 진학해서 기숙사의 자기 방으로 짐을 옮기는 상황을 상상해 보라. 그녀는 외롭고 벅찬 감정에 휩싸여 자신에 대한 확신이 서지 않을 것이다. 인생의 중요한 시기에 새로운 환경을 개척해야 할 때마다 이런 복잡한 감정이 들 것이다. 하지만 당신이 가족사진을 찍어 유리 액자에 끼워 놓는 일을 완료했다면, 딸은 어디에 있든 항상 '집'으로 돌아오는 길을 찾을 수 있게 된다. 예를 들어 그녀는 가족의 문화를 느끼고 경험할 수 있는 사람들, 그 지역의 장소, 행사를 찾아내려 노력할 것이다. 그녀가 자신의 문화와 긍정적인 관계를 유지하고 있다면, 특히 낯선 환경에서 그 관계를 찾으려고 할 것이다.

의식이나 관습, 전통은 가족에게 의미와 목적을 더해 주고 가족의 구조를 강하게 하며 힘든 시기에 안전과 안도감을 줄 수 있다. 가족의 문화 행사가 가족의 핵심 가치에 포함되거나 일상의 일부가 되면, 당신의 존재에 활기를 더할 뿐 아니라 필요할 때에 가족에게 위안을 주는 용도로 쉽게 활용될 수 있다.

아이에게 그들의 문화에 대한 긍정적인 관계를 심어 줌으로써, 아이는 가족의 근본을 느끼고 그들의 문화유산과 가까워지며 삶에 의미를 더할 수 있다. 특히 힘든 시기에 위안을 주는 또 하나의 도구를 가지게 될 것이다. 달리 말하자면 강한 자아의식과 문화가 결여된 아이는 자신이 어떤 사람인지 표현하기 위해 외부의 힘에 의지하기 쉽다. 따라서 가족사진 위에 문화적 유대와 전통으로 보호유리를 끼우는 사람이 되기 위해 열심히 노력하라.

많은 가족에게 종교 행사에 참석하는 일은 중요한 가족 행사이다. 그들은 정신적 토대가 보다 강해지도록 종교 행사의 일원이 되기도 한다. 당신의 믿음이 무엇이든 적극적으로 종교 활동에 참여하면 할수록 아이는 자신보다 더 큰 무언가, 즉 가족의 울타리 너머에 있는 공동체 및 문화와 관계를 맺고 있다고 느낄 것이다. 이것은 매주 일요일에 좋아하는 레바논 음식 먹기, 매주 촛불을 켜고 유대교 안식일 지키기, 아프리카계 미국인이 조상들의 자유를 향한 여정 기리기, 자신의 혈통인 아시아 문화유산을 기념하는 박물관 방문하기, 멕시코의 국경일인 죽은 자들의 날에 사랑하는 사람들 추모하기, 성소수자를 위한 퍼레이드에서 행진하기, 음력 설날 기념하기, 라마단 기간 동안 금식하기, 집안 어르신 찾아뵙기 등 가족이 소중히 여기고 보존하기를 바라는 수도 없이 다양한 일들을 의미할 수 있다. 의식을 알고 우선순위에 두는 것은 가족의 생활 신조를 적극적으로 실천하는 것이 어떤 의미인지 아이에게 본보기를 보여 주는 중요한 방식이다.

당신과 아이들이 문화 관습을 가정 안에서 실천하든 다른 물리적 공간에서 하든, 이는 액자 유리가 깨지는 것을 막는 중요한 방식이다. 전통을 나누고 기리기 위해 마음이 맞는 사람들과 가까워지는 것은 평판이 좋은 미술관의 제일 좋은 자리를 차지한 것과 같다.

당신의 걸작을 자랑하고 그에 맞는 가치가 있다고 인정받을 기회를 얻게 된다.

주도적이고 점진적으로 위기에 대처하라: 가족사진 안전하게 걸기

사진을 안전하게 걸면 걸수록 쉽게 떨어지지 않을 것이다. 누군가 부딪히면 옆으로 밀릴 수는 있겠지만, 처음부터 잘 걸고 도구가 준비되어 있다면 표시 나지 않게 바로잡을 수 있다. 마찬가지로 인생이 늘 그렇듯 위기가 닥칠 때 확고한 기초와 대처 전략이 있다면 잘 헤쳐 나갈 수 있다. 당신의 아이 가운데 누구라도 가족의 생활 신조를 지키지 않는 것을 본다면, 그것은 그들이 건강한 상태에 있지 않을 수도 있다는 경고의 징후가 될 수 있다. 우리는 모두 때때로 길을 잃는다. 길을 잃을 때 진북true north(언제나 변하지 않는 북쪽이자 북극성의 방향−옮긴이)이 어디인지 알고 있다면, 집으로 돌아가는 길을 찾기가 더 쉽다. 가족의 생활 신조가 바로 그것이다. 그래서 경로를 벗어나거나 길이 막혔을 때 헤매지 않고 경로를 바로잡을 수 있다. 지도, 즉 생활 신조가 항상 준비되어 있기 때문이다. 삶은 예측할 수 없지만 당신이 어떤 사람이며 당신에게 삶의 의미가 무엇인지 안다면, 또 당신의 가족이 어떤 사람들이며 그들에게 삶의 의미가 무엇인지 안다면, 힘든 시간을 극복해갈 수 있을 것이다.

우리는 이미 확고한 기초가 어떤 모습인지 다루었고 이번 장에서 가족의 생활 신조 및 문화와 관습도 살펴보았다. 이제 그 중요한 도구들을 당신의 부모 역할 도구 상자에 넣자. 당신이 어떤 사람이든 삶은 시련을 줄 수 있고 더 심한 것도 줄 수 있기 때문이다.

삶에서 피할 수 없는 문제에 직면할 때 부모가 의지해야 하는 두 가지 핵심 특성이 있다. 바로 '주도성proactivity'과 '점진성 progressiveness'이며 나는 이를 '2P'라고 부른다. 대부분의 소아 환자는 부모의 걱정과 기대에서 벗어나기 위해 부모가 듣고 싶어 하는 말을 한다. 이는 부모가 아이에게 일어나고 있는 일에 대해 완전히 잘못된 정보를 갖게 만들고, 그 결과 올바른 결정을 내릴 수 없게 만든다.

주도성은 미리 생각하고 계획하는 것을 의미한다. 아이가 주도성을 개발하도록 돕는 좋은 방법은 계획에 대해 미리 의논하고, 앞으로 일어날 일을 예측하는 법을 배우게 해서 성공할 준비를 갖추도록 하는 것이다. 예를 들어 아이가 콘서트에 간다면 언제 집에 돌아올 건지, 외출했을 때 어떻게 행동해야 할지에 대해 대화를 나눠라. 콘서트가 몇 시에 끝나는가? 콘서트 장소는 집에서 얼마나 먼가? 누구와 같이 가고, 그 친구는 어떤 성격인가? 당신이 이런 과정을 함께할 때 아이들은 개방적인 자세를 지니게 되고, 인생의 여러 변수에 성공적으로 대처할 수 있게 된다. 이와 반대로 최상의 결과를 바라면서 일이 틀어졌을 때 화만 내는 것은 아이를 실패하게 만들 뿐이다.

일어날 일에 미리 대비하는 대화를 하는 것은 어른스러워지는 법을 아이에게 가르치는 방식이다. 예를 들어 귀가 시간에 임박해서 정신없이 전화하는 일이 없도록 집까지 얼마나 걸리는지 미리 생각해 보도록 하거나 시간이 너무 늦어져서 대중교통이 여의치 않을 때에 대비해서 대안 마련하기와 같이, 아이가 깊이 생각하고 방해가 될 만한 요소를 알아내게 하는 것은 실제로 예상되는 일에 대해 당신이 사려 깊은 대화를 하게 해 주고, 아이가 현명한 결정을 할 수 있는 최선의 상태를 보장한다.

점진성은 아이가 당신을 놀라게 할 때도 열린 마음을 유지하는 것을 의미한다. 아이 행동의 한계선과 기대되는 방향에 대해 대화를 나누고, 나이에 맞게 점진적으로 변화를 이끌 의향이 당신에게 충분히 있다는 사실을 아이가 알게 하는 것이다. 그렇다고 다른 아이들도 가지고 있다는 이유로 8세에 휴대폰을 사 주거나 16세에 40만 원짜리 운동화를 사는 것에 무조건 동의한다는 뜻은 아니다. 이는 아이들에게 그들의 주장이 옳다는 것을 입증할 기회를 주면서, 그들이 세운 목표를 달성하기 위해 협력할 방법을 찾을 수 있도록 함께 노력하는 것을 의미한다.

주도적이고 점진적인 것은 종종 가장 힘든 선택처럼 느껴질 수도 있다. 하지만 문제가 생겨서 괴로워할 때 이 두 가지가 의사결정의 양 기둥이 되지 않는다면, 그럴 때는 당신의 가족사진이 벽에서 떨어질 위험에 처하게 된다. 당신에게 주도성과 점진성이 부족하다면 아무 생각 없이 부모 역할을 할지도 모르며, 그것은 필연적으로 아이를 방치해서 안전과 영속성이 사라진 길로 내몰 것이다. 그것은 아이가 가야 하는 길이 아니다.

점진적인 접근법의 일부로써, 과정에 참여할 수 있는 아이의 능력을 인지하고 포함시켜야 할 것이다. 당신은 언제나 부모고 부모처럼 행동해야 하지만, 아이들도 의미 있는 대화를 나눌 수 있다. 당신이 그들과 함께 노력할 때 그들은 자신의 의견에 힘이 실리고 공감을 받으며 존중받는다고 느낀다. 아이가 자신의 목소리를 키울 수 있도록 힘을 부여한다고 해도, 당신이 여전히 부모라는 사실은 변함이 없다.

가족사진 감탄하며 바라보기

우리 모두의 인생에서 가족보다 더 의미 있는 부분은 없다. 이번 장에서 살펴본 대로 가족을 규정하는 원칙을 신중하게 수립한 뒤 사려 깊은 노력으로 지켜 나가도록 하자. 이런 원칙들은 아이와 가족이 상호작용하기 위한 즉각적인 접근 방식이 될 것이다. 가족사진을 안정적으로 유지하기 위해 노력을 기울인다면, 당신의 가족은 당신이 가장 소중하게 여기는 가치 있는 삶을 살 수 있으며, 당신의 가족은 구성원 각자와 가족 전체와 후대에게 영원히 지속되는 가치를 지니게 될 것이다.

8장

소통하기와 관계 맺기

소피 기법의 도구들이 당신의 가족을 올바른 길로 되돌려 놓을 거라고 확신한다. 도구의 효과를 보장하는 핵심 요소는 마음에서 우러나와 소통하고, 아무리 마지못해 응하더라도 참여하는 가족 모두가 진심으로 받아들이는 것이다. 그러므로 이번 장에서는 소통의 과정에 필수적인 깊이 있고 진정한 소통을 하는 법에 대해 자세히 살펴보고자 한다. 나 역시 한 사람의 부모로서 아이들이 얼마나 자주 "엄마, 아빠는 내 말을 듣지 않잖아요!"라고 말하거나 소리 지르는지 알고 있다. 아마 그럴 때 느끼는 반응 역시 비슷할 것이다. 내가 이 책 전체에 걸쳐서 강조하는 매우 중요한 사실은 아이에 관한 한 부모는 영향력이 큰 위치에 있다는 것이다. 심지어 아이가 부모를 무시하거나 반항하는 것 같아 보일 때도, 아이는 언제나 부모의 말을 듣고 있다. 따라서 우선 심호흡을 크게 한 번 하고 새로운 방식으로 듣고 말함으로써, 아이가 자신이 하려는 말을 어떻게 이해할 수 있을지 생각해야 한다.

아이의 말을 듣는 기술을 터득하면 불필요한 갈등이 많이 줄어들 것이다. 그저 아이의 말을 듣는 능력을 갖추기만 해도, 아이는 당신이 알아야 할 모든 것을 말하게 된다. 듣는 행위의 핵심은 중간에 끼어들지 않고 그들의 문장과 생각을 끝까지 말하게 하는 것이다. 그것은 또 대화 중에 아이가 당신의 의견을 물을 때까지 충고나 지적, 반응을 하지 않는 것을 의미하며, 그런 순간이 오지 않을 수도 있음을 아는 것을 의미한다. 심지어 서로의 말이 끝났을 때 상대방이 알게 하는 합의된 단어나 신호가 필요할 수도 있다. 이런 식으로 아이가 당신의 말을 중단하지 않고, 그들도 방해받는 일 없이 말

부모   아이

할 수 있다. 그것은 아이의 말을 판단하지 않고 완전히 귀를 기울이면서 듣고, 아이가 말하는 동안 고개를 가로젓거나 어떤 종류의 비언어적 메시지도 보내지 않는 것을 의미한다. 단지 아이의 입에서 나오는 말에 귀 기울이는 것만이 아니라 표정과 몸짓 언어도 읽어야 한다. 듣는 동안 모든 감각을 이용해서 아이에게서 나오는 언어적, 비언어적 메시지를 이해하고 그들이 전달하려는 의미를 완전히 받아들여야 한다.

적극적으로 경청하는 것은 어떤 응답을 하기 전에 이해와 공감으로 모든 것을 받아들이는 것을 말한다. 적극적으로 경청할 때는 확인 질문을 너무 많이 해서는 안 된다. 이는 메시지를 전달하는 사람이 가능한 이해하기 쉽게 메시지를 가공해야 하는 상황을 만든다. 또 확인 질문은 가치가 없을 때가 많으며, 말하는 사람을 짜증나게 해서 종종 입을 다물게 한다. 반면에 듣는 사람이 아무 말도 하지 않으면, 말하는 사람은 더 자세히 내용을 채우면서 스스로 문제의 핵심을 말할 것이다. 이런 일은 적극적으로 경청하지 않으면 일어날 수 없다. 듣고 있는 내용 때문에 속이 상하거나 실망하더라도, 공감하면서 먼저 듣는 것을 선택하면 실제로 자신의 감정 반응을 조절하는 데 도움이 될 것이다.

모든 상호작용에는 보내는 사람과 받는 사람이 있다는 사실을 기억하라. 당신과 아이는 한 번쯤은 보내는 사람이 되거나 받는 사람이 될 것이다. 메시지를 보내기 전에 귀 기울여 듣고 받지 않는다면 의미 있는 메시지를 보내는 사람이 될 수 없는 것처럼, 받는 사람도 들을 때 주의를 제대로 기울이지 않으면 메시지를 제대로 받

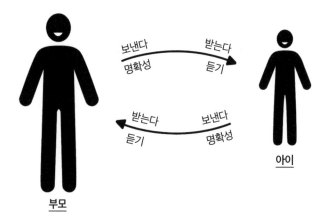

보낸다
명확성
받는다
듣기
받는다
듣기
보낸다
명확성
아이
부모

을 수 없다. 보내는 사람이든 받는 사람이든 부모든 아이든, 의사소통의 순환이 효과적이려면 필요한 조건들이 있다. 이 조건들에는 상대방이 선의를 가지고 있으며 우리의 감정을 상하게 하려는 것이 아니라고 믿는 것뿐만 아니라 적극적 경청, 자기통제, 존중도 포함된다. 이를 기초로 다른 사람이 하는 말을 제대로 경청하게 되면, 상대방의 메시지가 의도하는 뜻을 받을 수 있게 해서 그에 대한 답을 생각해 낼 수 있게 한다. 많은 경우에 한쪽 또는 양 당사자가 감정적이 되거나 상대방의 의도를 신뢰하지 못한다. 그로 인해 적극적 경청을 할 수 없게 되면, 무례해지거나 감정을 통제할 수 없게 되거나 또는 둘 다 일어난다. 반드시 자기통제를 하고 상대방을 존중해야 하며, 그것은 눈을 굴리거나 다른 불쾌한 몸짓 언어를 삼가야 하는 것을 의미한다. 다른 사람이 말하는 동안 그 사람을 의도적으로 자극하려 한다면, 그때는 두 사람이 대화하기에 생산적인 시간이 아니다.

2부 가족의 가치 실행하기

내 말을 절대 듣지 않잖아요. 난 아빠 (또는 엄마)가 싫어!

테이프

부모

아이

아이와 숨김없이 솔직히 소통하는 능력은 대단히 중요하다. 입에 테이프를 붙인 부모의 그림은 아이가 말하면서 부모의 피드백이 절실히 필요하다는 메시지를 보내는 동안, 아이를 존중하면서 적극적으로 귀 기울이고 집중하는 것이 얼마나 중요한지 보여 준다. 당신이 다시 말을 할 때는 아이에게 바라는 행동 방식의 본보기가 되어야 한다. 이 과정을 주기적으로 하면 아이는 취약성을 드러내고 자신을 솔직하게 표현하는데 필요한 정서적 안전을 제공받을 것이다.

만약 아이가 특히 심각한 반응을 일으키는 일에 대해 얘기한다면, 어떻게 위 과정을 실행할 수 있을까? 그럴 때는 머리에서 50%를 생각하고 가슴으로 내려보내야 한다. 가슴에서 나머지 50%와 만나게 되면, 깊이 고민한 메시지가 만들어진다. 이것은 아이에게 보낼 최고의 메시지 꾸러미다. 분명하고 간단하며 이해하기 쉬운 메시지로 아이에게 다가가기 위해 열심히 노력한다면, 아이는 결국 차분한 상태에서 메시지를 받을 수 있게 된다.

벗어나서 살펴보는 법 배우기

마음속 생각과 겉으로 드러나는 메시지가 연결이 되지 않을 때가 너무 많다. 사랑한다는 말 없이 실망을 표현할 때, 적극적으로 귀를 기울이는 과정 없이 반응 먼저 나올 때가 그렇다. 심지어 순간적으로 표현되는 몸짓 언어를 통해서도 그런 상황이 생길 수 있다. 당신의 마음속 갈등이나 몸짓 언어 때문에 아이가 그릇된 메시지를 받는 일은 성공적인 소통을 위한 당신의 노력에 차질을 빚을 것이다. 그에 뒤따르는 여파와 대화 중단은 문제를 몇 배나 더 키우기 쉽다.

내가 지금 강조하고 싶은 것은 부모가 아이와 소통의 고리를 시작하기 전에 모든 메시지를 분명하고 간결하며 정확하게 해야 한다는 건 아니다. 순간적으로 통제하기 어려운 수준의 '정서성emotionality'으로 인해 마음속 메시지들이 상충하는 것은 용납될 수 있다. 그럴 때는 순간을 벗어나 스스로를 잘 살펴봐야 한다. 아이에게 분명하고 간결한 메시지를 보내지 못하게 하는 마음속 갈등이 있을 수도 있음을 이해하고 인정하라. 물러나 벗어남으로써 객관적으로 바라볼 수 있게 된다. 바라봄으로써 감정의 온도를 떨어뜨릴 수 있다. 그 상태가 되면 논리적인 뇌는 불안, 부조화, 두려움 대신 조정을 하는 입장에 서서 상황에 관여하고, 상충되지 않는 하나의 메시지로 모아 성공적으로 전달할 수 있게 된다.

나는 아이와 소통하는 문제로 위기를 겪고 있는 많은 부모에게 숨을 깊게 들이마시고 한걸음 물러나 메시지를 보내는 법에 대해 생각해 보라고 강조한다. 중요한 것은 아이가 그 메시지에서 도움을 받는 것이다. 긍정적인 자기 대화의 힘을 과소평가하는 실수를 하지 말라. 긍정적인 자기 대화는 힘을 북돋워 주고 침착한 상태에서 대화에 참여하도록 동기를 부여한다. 이는 컵에 든 물이 절반밖에 없다고 느끼는 순간에 절반이나 찼다고 볼 수 있게 해 주는 내면의 소리다. 다음은 아이와 대화할 때 할 수 있는 긍정적인 자기 대화의 예시다.

- "나는 훌륭한 부모야. 완벽하지는 않지만 능력 있고 신중해. 또 공정하고 강하면서 지적인 사람이지. 나는 10대에게 휘둘리지 않을 거야."
- "내가 불안한 것은 내 부모가 이런 힘든 순간을 함께해 줬던 경험이 없었기 때문이지, 내가 아이와 겪는 이 문제를 성공적으로 다루지 못하고 둘 다 더 강해지지 못할 것 같기 때문이 아니야."
- "이 대화가 내가 원하는 방향으로 끝나지 않을지라도 지금까지는 잘되고 있어."
- "나는 이 대화를 조절할 힘과 지혜가 있고, 바로 지금 그것을 하는 중이야."
- "아이가 화를 내더라도 나는 차분함을 유지하고 성공적인 대화를 할 수 있어."
- "나는 내 아이를 위한 최고의 역할 모델이야. 나는 부모고, 또 나는

모든 것을 잘 통제하고 있어."

이렇게 긍정적인 생각을 채움으로써, 당신은 당신을 방해하는 부정적인 생각을 없애도록 스스로 훈련할 수 있다. 긍정적인 자기 대화는 기초를 단단하게 하고 때로는 부모 역할의 목표에서 벗어나게 하는 두려움이나 불안을 억누를 수 있다. 긍정적인 자기 대화를 습관으로 삼을 때, 하고 싶은 말을 하고 그 말을 제대로 이해시킬 가능성이 높아질 것이다.

우리가 보내는 메시지

부모가 아이에게 메시지를 표현하고 전달하기 전에, 가급적 감정을 드러내지 않기 위해 자신을 조절하고 마음속 대화를 자제하며 자신의 몸짓 언어를 스스로 인식하는 것이 매우 중요하다.

당신은 목소리, 어조, 표정, 몸짓 언어, 움직임을 통해 많은 것을 아이에게 전달한다. 관심이 없다는 듯 어깨를 으쓱하면 아무리 지지하는 말이 입에서 나오더라도 아이에게 거부하는 메시지를 보내게 될 것이다. 그러므로 사랑하고 아낀다는 메시지를 아이가 받을 수 있게 하면서 이야기를 나눠야 한다. 당신은 분명 진심으로 문제를 해결하기 위해 애쓰고, 가족의 가치에 맞게 상황을 차분히 다루기를 원할 것이다. 하지만 한편으로는 아이들이 한 행동 때문에 그들이 얼마나 위험에 처했는지, 그리고 그들의 행동이 불러올 수도 있는 결과가 무엇인지 등에 대해 여전히 화가 나 있을 수 있고, 그 경우 방어적인 태도를 취하기 쉽다. 아이에게 측은한 마음을 표현해야 한다고 생각할지라도, 당신의 몸짓 언어는 생각과는 다른 신호를 보낼 수 있음을 잊지 말자. 당신이 마음속에 2개의 상반된 메시지를 가지고 있다면, 아이는 분명히 왜곡된 메시지를 받게 될 것이다. 따라서 아이에게 메시지를 보내기 전에 당신은 반드시 마음속부터 분명하고 확고해져야 한다.

유머의 힘

'설탕 한 숟갈이면 쓴 약도 술술 넘어간다'는 속담처럼 부모 역할도 마찬가지다. 아이는 늘 굳은 표정으로 말하는 것보다 살짝 유머를 곁들인 메시지를 더 잘 받아들인다. 부모 자신을 웃음의 소재로 삼는가? 부모 자신에 대해 농담을 하는가? 재미있게 농담하면서 메시지를 전하려고 애쓰는가? 당신은 권위 있는 인물이 농담하고 장난치는 모습에 대해 어떻게 생각하는가? 진지함을 유지해야 한다고 생각하는가?

아이 주변을 자세히 살펴보면, 당신의 아이가 좋아하는 역할 모델, 특히 교사와 코치들의 특징을 확인할 수 있다. 그들은 분명하고 진지하지만 유머를 간간이 섞어서 메시지를 전하는 경우가 많다. 그들은 아이들이 끌리기 쉬운 역할 모델이다. 비록 아이가 메시지의 내용 자체를 좋아하지 않더라도 미소와 농담과 유머가 곁들여지면 받아들이기가 더 쉬워진다. 이러한 점은 메시지를 전하는 사람이나 역할 모델의 권위를 약화시키지 않는다. 오히려 공감대를 형성하게 하고, 원활한 의사소통에 필수적이며 중요한 신뢰의 역학 관계를 확립하게 한다.

유머는 올바르게 사용하면 훌륭한 도구가 된다. 다만 '아이와 함께 웃는 것'과 '아이를 비웃는 것'을 구별하는 일은 매우 중요하다. 아이가 놀림거리가 되지 않도록 반드시 주의하라. 혼자 있든 여럿이 있든 아이가 느끼는 창피함은 마음속 깊이 박혀 오래 지속될 것이다.

일상에서 벌어지는 갖가지 고난이나 그보다 힘든 고비에서도 유머를 구사할 줄 아는 가족은 어떤 상황에도 최악에 빠지지 않는다. 유머는 아이가 지속적으로 영향을 받은 부정적인 생각에서 벗어나게 해 준다. 유머는 문제를 더 가볍게 하고 그 문제가 가족의 마음과 특히 아이의 마음에 부정적으로 남을 가능성을 줄일 수 있다. 나는 이런 유머를 '건강한 유머'라고 부른다. 가족이 부정적인 상황에 대해 나누는 유머가 건강하면 할수록, 그 결과에 대한 상처도 덜할 것이다. 부정적인 상황에 건강한 유머가 함께한다면 종종 여파의 심각성은 줄어든다.

당신은 이렇게 말할 수도 있다. "저, 소피 박사님, 우리 가족은 항상 웃는데 그렇다면 유머가 충분한지 어떻게 알 수 있을까요? 또 우리가 하는 유머가 박사님이 말하는 건강한 유머인지 어떻게 알 수 있을까요?" 가족 모두가 추억, 전통, 온갖 말도 안 되는 이야기들과 오랜 세월에 걸쳐 함께한 시간들을 누구도 놀림감이 되거나 무시당한다고 느끼지 않으면서 떠올릴 수 있다면, 건강한 유머가 무엇인지 알 수 있을 것이다. 건강한 유머와 그렇지 않은 유머 사이에 가장 큰 차이는 이야기를 하는 방식이고, 이야기가 특히 어떤 한 사람에 관한 것이라면 그 사람이 느끼는 감정이다. 그 사람이 가족과 함께 웃고 추억을 즐긴다면, 그 유머는 건강하다. 그 사람이 놀림거리가 되고 있다고 느낀다면, 건강한 유머가 아니다.

과정에 최선을 다하기

아이와 함께하는 가장 간단하고 실천하기 쉬운 방법 중에 하나는 저녁 식사를 일종의 의식으로 만드는 것이다. 전자 기기를 보지 않고 가족이 함께하는 저녁 식사의 중요성은 아무리 강조해도 지나치지 않다. 세상에서 최고로 간단한 일이어야 하는데, 오늘날에는 점점 더 어려워서 문제지만 말이다. 얼마나 모순적인가! 휴대폰을 내려놓고 아이와 눈을 맞추며 대화를 하라. "오늘 네게 가장 좋았던 일은 무엇이니? 아니면 오늘 네게 가장 짜증나는 일은 무엇이었니?" 그 시간은 아이와 사소한 일들에 대해 대화를 나눌 수 있어야 한다. 또 이때는 당신도 위로받기 위해 (또는 더 편안해지고 싶다는 기꺼운 마음에서) 상처받을 수 있다는 사실을 보여 주며, 당신의 하루나 생각나는 아무 주제라도 공유하면서 아이에게 본보기가 되는 시간이다. 서로 이야기를 주고받아야 하므로 의미 있게 여기며 참여하라. 만약 가족이 소통에 서투르거나 변화가 진행되는 도중이라면, 이런 일들이 불편하게 느껴지거나 저항에 부딪힐 수 있다. 그래도 낙심하지 말고 계속 하다 보면 결국 아이들을 대화에 참여시킬 적당한 질문을 찾을 것이다. 각 참가자가 그날 중에 가장 좋았던 때

('장미')와 가장 힘들었던 때('가시')를 서로 얘기하는 '장미와 가시'라는 게임을 생각해 보자. 나이가 든 아이들에게는 가시에서 배운 교훈이나 가시가 어떻게 장미로 변하는지에 대해 얘기할 수 있다. 대화의 시동장치 역할을 하는 이 게임은 여러 종류가 있으므로, 가족의 취향에 맞춰 몹시 기다리는 것('싹'), 다시 할 수 있기를 바라는 것, 그날의 친절한 행동 등으로 변형하라. 가족이 같이 식사를 하며 둘러앉아 의미 있는 의식을 진행하는 동안 아이가 간절히 바라는 안전망이 만들어지며, 이 사실은 당신이 생각하는 것보다 훨씬 더 중요하다. 실제로 당신은 노력의 결실을 현재도, 앞으로 다가올 날들에도 보게 될 것이다. 이런 저녁 식사 의식을 더 많이 실천할수록 더 많은 소통의 순간이 더 쉽게 찾아온다. 물론 저녁 식사 시간 외에도, 아이가 당신의 존재를 느끼고 마음을 터놓을 만큼 편안함을 느낄 때는 다양하게 있다. 자연에서 산책하며 아이와 대화를 하거나, 거실에서 발을 쭉 펴고 함께 시간을 보내거나, 같이 놀이를 하거나 미니골프나 볼링을 하러 가는 등 아이가 생각지도 못한 재미있는 활동을 하라. 자신을 표현하기에 적당하지 않은 시간은 절대 없으며 무슨 일이 있어도 당신이 함께한다는 사실을 아이가 알게 해야 한다.

심각하든 소소하든 아이와 대화를 더 많이 할수록 그들의 세계에 더 깊이 들어가게 될 것이다. 마음이 통하는 매 순간 아이와의 유대감은 커지며, 그것은 아이의 마음을 무겁게 누르는 무언가가 있거나 정말 도움이 필요한 순간 보다 편안히 마음을 여는 데 큰 힘이 되어 준다. 타인과의 관계, 정치, 종교, 스포츠 등 대화의 주제가 무엇이든 대화를 더 많이 하면 할수록 아이가 스스로를 표현하는 일에 점점 더 편안해진다. 아이에게 자기표현을 위한 안전한 공간을 제공할 때 아이의 자신감은 훨씬 더 높아질 것이고, 당신과의 친밀한 관계도 마찬가지일 것이다.

아이와 함께 시간을 보내는 또 다른 방법은 가족 프로젝트를 하는 것이다. 예를 들어 베란다나 그 외 사용 가능한 공터에 가족 정원을 만들어 보면 어떨까? 함께할 수 있는 어떤 것이라도 소통을 위한 훌륭한 기회다. 심지어 각자에게 맡겨진 다른 일, 즉 식탁 차리기와 식탁 치우기, 식기세척기에 그릇 넣기, 쓰레기 내놓기도 서로 함께할 기회가 될 수 있다. 이는 모두가 가족 안에 자기의 자리가 있다고 느끼게 만들고, 책임의 중요성을 가르치는 기회가 되며, 협동의 본보기를 보여 준다.

아이들이 태어난 날, 당신은 가족을 구성하고 그들을 소중히 키우고 지지함으로써 당신의 인생을 그들과 함께할 기회를 부여받았다. 모든 날을 그 기회를 다시 확인하는 과정으로 생각하라. 얼마나 멋진 선물인가! 당신이 부족하다고 느껴질 때마다 스스로에게 너그러운 마음을 가지고, 대신에 아이와 함께 시간을 보내면서 가족을 더 좋은 방향으로 이끌어라. 안전하고 보살핌을 주는 가족 구조는 당신이 참여하고 그 안에 있기를 요구한다. 누구도 당신이 완벽하기를 강요하지 않으며, 매일 아침 당신에게는 더 잘하고 더 많은 것을 쏟아붓고 가족의 행복을 위해 오랫동안 전념할 기회가 있다. 모든 날은 새로운 시작이다.

적극적 경청을 활용하는 마지막 주의사항

가족의 역학 관계를 건강한 상태로 되돌리기 위해 변화를 시작할 때 반발에 부딪혔던 것처럼, 적극적 경청을 하는 당신의 새로운 방식에 아이가 부응하려면 시간이 걸릴 수도 있다. 아이에게 시간을 주고 당신이 과정에 최선을 다하는 모습을 보여 줄 기회로 삼아라. 예를 들어 아이들이 쉬운 출구가 있다고 생각할 수 있도록 차를 타고 가는 잠깐 동안 대화를 유도할 수 있다. 당신과 아이가 공유와 경청의 습관을 갖기 위해 세부적인 내용에 대해 계속 확인하라. 저녁 메뉴나 시청할 프로그램을 아이와 함께 결정하고 그들의 제안대로 한다면, 당신이 그들의 피드백을 진지하게 받아들이고 있다고 느끼게 해 준다. 적극적으로 경청하고 있음을 증명해 주는 작은 기회를 더 많이 만들수록, 아이는 큰일이 생겼을 때 당신에게 더 편하게 다가올 것이다.

9장

아이에게 가장 중요한 역할 모델

이 책의 많은 부분은 어떻게 어른이 아이에게 필요한, 일관되고 분명하며 평정심을 잃지 않는 보호자가 되는 기초를 확립할 수 있는지에 대해 할애하고 있다. 하지만 부모가 아이에게 미치는 영향력이 큰 만큼, 아이 스스로 세상을 헤쳐 나갈 준비가 되어야 하는 것도 중요하다. 어떻게 당신이 주위에 있지 않을 때도 아이가 가족의 소중한 가치에 따라 살 수 있도록 할 수 있을까? 아이의 삶에서 가장 영향력 있는 역할 모델은 당신이다. 당신이 말하거나 행하거나 말하지 않거나 행하지 않는 모든 것과 태도, 인간관계, 성취, 음식 취향, 운동 요법, 직업윤리, 심지어 표정도 아이에게 영향을 준다. 그것은 상당히 막중한 책임감과 중압감이지만, 또한 당신이 가질 수 있는 굉장한 기회이자 최고의 선물, 영향력이 큰 부모 역할 도구이기도 하다. 아이가 당신의 판박이는 아니지만, 그들은 당신이 상상할 수 있는 이상으로 끊임없이 당신을 보며 배우고 있다. 당신이 보여 주는 본보기, 함께 공유하는 순간들, 상호작용, 침묵하는 순간들, 그 밖에 많은 것이 모두 아이의 자존감을 구성하는 요소가 되며, 그 목적은 단지 자존감의 한 부분이 아니라 전체 틀을 형성하는 것이다. 그리고 아이의 행동이 변하기를 바란다고 지적할 때는 '하지 말라고' 말하는 것만으로는 절대 충분하지 않다. 아이들이 대부분 구체적 사고(구체적 사물과 개별적 현상에 국한하여 이해하고, 개념화나 일반화는 하지 못하는 사고능력-옮긴이)를 한다는 사실을 잊고 있는 사람이 많다. 즉, 아이들의 사고는 생각보다 훨씬 더 단순하다. 예를 들어 아이에게 형제자매에게 소리 지르지 말라고 하면 형제자매에게 소리 지르는 것은 멈추겠지만, 이제 부모에게 소리 지르기 시작할 것이다. 그들이 형제자매에게 소리 지르는 것을 멈추게 하고 싶다면, 누구에게나 어떤 것에도 소리 지르지 말라고 해야 한다. 그렇지 않으면 멈추기를 바라는 행동은 절대 없어지지 않을 것이고, 당신은 답답해서 어쩔 줄 모르게 될 것이다.

그 사실을 알기에 당신이 하는 모든 행동과 하지 않는 모든 행동에 대해서, 나는 반드시 자신에게 이렇게 물어보라고 말한다. "나는 내 아이가 자신이 어떤 사람이고, 어떤 사람이 되고 싶으며, 어떻게 세상을 살아 나갈지를 배우는 동안, 아이가 닮기를 바라는 선택을 하고 그런 행동을 보여 주고 있는가? 내가 아이에게 주는 영향을 완전히 이해하고, 아이를 강점에 초점을 맞추어 지지하는 상태에서 이끌고 있는가?"

나는 정신과 의사이자 부모로서 말한다. 가족의 가치를 전달하는 중요한 방식은 일상에서 하는 행동과 우선순위를 통해서 성립된다. 날마다 따르는 가치는 가족을 규정하는 가치가 된다. 나이에 상관없이 아이는 언제나 부모가 그들에게 보여 주는 본보기에 의해 영향을 받을 것이다. 당신은 부모 역할을 통해 본보기가 되어 가족의 어떤 역학 관계에도 영향을 미칠 힘을 지니고 있다. 당신은 자신의 행동으로 아이의 인생 여정에 영향을 줄 능력이 있다. 그 책임과 능력을 진지하게 받아들이고, 당신이 지닌 가장 영향력 있는 도구 중 하나로 여겨 언제나 준비 상태를 유지해야 한다.

행동의 본보기 되기

나는 많은 경우에 부모들이 이렇게 말하는 것을 듣는다. "부모가 나를 키운 것처럼 아이를 키우지는 않을 거예요." 물론 다 괜찮고 그렇게 될 수도 있겠지만, 부모 역할을 하기 위한 분명한 시각은 물론 확실한 자기 진단 검사와 자기 인식 없이는 어렵다. 만약 분명한 시각이나 자기 인식이 없다면, 당신은 틀림없이 그토록 원치 않았던 부모가 될 것이다.

분명 당신이 정말 싫어하고 결코 하지 않았으면 좋았을 것이라고 후회하는 많은 일탈 행동을 아이가 바로 당신 앞에서 반복하고 재현할 것이다. 혹시 이런 말을 수도 없이 하고 있진 않은가? "저 아이는 나를 꼭 닮았어. 그 사실이 참을 수 없어." 하지만 당신의 삶을 이끌 확실한 원칙이 당신에게 없다면, 어떻게 아이가 스스로의 삶을 헤쳐 나가는 데 필요한 원칙을 제공할 수 있겠는가? 우리가 원하든 원치 않든, 아이는 우리의 좋은 행동만이 아니라 우리 스스로 완전히 없애 버리고 싶은 행동까지 따라 하는 경향이 있다. 그러므로 우리는 우선 자신을 확인하고 자신이 어떤 사람인지, 무엇을 원하는지, 삶의 의미가 무엇인지 반드시 알아야 한다.

부모들이 화를 내며 얼마나 많이 내게 이렇게 말했는지 모른다. "나는 그저 우리가 어디에 가든 무엇을 하고 있든, 아들이 체계적이고 시간을 잘 지키기를 바랄 뿐이에요!" 그러면 나는 그들에게 묻는다. "선생님은 어디에 가든 무엇을 하고 계시든 체계적이고 시간을 잘 지키십니까?" 그들이 말하기도 전에 나는 이미 답을 알고 있다. "음, 솔직히 최선을 다해서 제 일을 하고 있어요."

이 말은 "아니요, 저도 그렇게 못합니다." 또는 "노력은 하지만 맡은 일이 너무 많고 집중할 수가 없어서 감당하기 어려워요."라는 뜻일 수도 있다. 어쩌면 "살면서 한 번도 그런 적이 없고, 어렸을 때 체계적으로 시간을 지키는 법을 찾지 못하면 아무 쓸모 없는 사람이 될 거라는 소리를 많이 듣고 자랐어요."일지도 모른다.

따라서 자신에게 먼저 물어보라. "아이가 하기를 바라는 이런 일이 나는 왜 하기 힘들까? 시간을 잘 지키고 체계적이라고 느끼기 위해서 나는 무엇을 해야 할까? 체계적이지 않고 정신없이 서두른다고 느끼며 스트레스를 받지 않고 외출 준비를 하려면 무엇을 할 수 있을까?"

아이가 특정한 방식으로 행동하거나 살아가기를 바란다면, 당신이 먼저 그 삶의 기술을 터득해야 한다. 당신은 아이에게 그 행동의 본보기가 되어 살아야 하고, 그다음에 아이가 그 기술을 자신에게

2부 가족의 가치 실행하기

맞게 조정해서 그들만의 방식을 찾는 법을 기꺼이 가르쳐야 한다. 그것이 바로 당신이 하는 역할 모델이다.

아이가 날마다 보고 듣는 것의 힘을 인정하지 않는 부모들 사이에 또 다른 공통된 주제가 있다. "소피 박사님, 우리 애가 그런 식으로 부모에게 얘기해도 괜찮다는 생각을 어디에서 하게 되었는지 모르겠어요." 많은 부모가 진심으로 혼란스러운 얼굴로 내게 말했다. "그 무례한 행동과 말투는 도저히 이해할 수가 없어요!" 그러나 오래지 않아 나는 그 부모가 아이들 앞에서 매우 심하게 싸우고, 아이들은 해롭고 부적절한 역학 관계를 그대로 따라 하고 있다는 사실을 알게 된다. 부모는 부끄러워하며 억지로 미소를 짓고 변명 같은 말을 중얼거린다. "하지만 그건 서로 다른 거죠!"

절대 다르지 않다. 당신은 아이에게 바라는 행동과 사람됨을 보여 주는 본보기가 되고 있는가? 다른 가족 구성원이나 그 외 모든 사람들에게 어떻게 말하고 있는가? 화가 날 때 차분히 감정을 표현하는가 아니면 이성을 잃고 버럭 화를 내는가? 아이의 말을 들을 때나 다른 사람의 말을 들을 때, 휴대폰만 응시하는가 아니면 상대방과 눈을 맞추는가? 최후통첩을 하는 대화를 하는가 아니면 서로 주고받는 대화를 아는가? 아이들은 당신이 일관되고 침착하게 행동하는 모습을 보고 있는가?

이 일을 현장 직무 교육이라고 생각하자. 당신은 근무를 하는 중이며, 역할 모델이 되는 훈련을 통해 아이들을 훈련하는 것이다. 그렇게 함으로써 아이들은 그들의 아이들을 훈련할 수 있게 되고, 이는 계속 이어질 것이다.

말보다 행동이 중요하다

역할 모델에는 당신이 이해해야 할 중요한 두 부분이 있다. 첫째, 비언어적 방식의 역할 모델이 언어적 방식의 역할 모델보다 아이에게 흡수되는 비율이 훨씬 더 높다. 예를 들어 아이와 함께 마트에서 계산을 할 때 가장 짧은 줄에 서려고 하는데, 누군가 당신 앞에 끼어 들었다고 해 보자. 새치기에 대한 당신의 반응은 아이에게 강한 인상을 남기게 되고, 설명 없이 행동으로 본보기를 보였다면 더욱 그렇다. 많은 경우에 나는 부모들이 굳이 애를 써서 가르침의 순간으로 만들고, "엄마가 이 상황을 얼마나 친절하게 다루는지 봐봐."

라고 말하면서 끼어든 사람에게 양보하는 것을 본다. 또는 상황이 끝난 뒤 이렇게 말하기도 한다. "엄마도 새치기하는 사람을 좋아하진 않지만, 그래도 친절하게 대하는 것을 봤지?" 아이에게 설명하거나 아이가 해야 한다고 믿는 행동을 말하는 것은 아무 말 없이 해야 할 일을 하는 것보다 효과가 적다. 부모의 긍정적인 본보기를 통해 우리가 바라는 성공적인 결과를 기대할 때는 말보다 행동이 앞서야 한다.

둘째, 매시간 빈틈없이 완벽할 필요는 없다. 세상에 완벽한 부모는 없다. 또 완벽한 아이도 없다. 역할 모델은 하루 24시간, 1주일에 7일 동안 하는 일이다. 분명히 아이가 본보기로 삼지 않기를 바라는 행동을 보일 때가 있겠지만, 그래도 괜찮다. 자신에게 애정을 가지고 너그럽게 대하라.

나는 '노력해야 하는 일'에 대해 '기회를 잡는 일'이라고 표현하는 것을 좋아한다. 이는 우리가 가능한 자연스럽고 다정하게 본보기가 될 기회를 찾으려고 마음을 쓸 수 있고 또 그렇게 해야 한다는 뜻이다. 할 수 있다면 아이가 보고 있을 때, 미리 계획을 세워서 체계적인 방식으로 시간을 지켜 외출 준비를 하라. 누군가와 대화를 하고 있다면 다른 사람의 말에 귀 기울일 기회를 찾아서 아이에게 그 모습이 어떤지 본보기를 보여라. 다른 사람에게 감사하고 존중하는 모습을 보여 본보기가 될 기회를 잡아라. 당신이 하는 행동에 주의를 끌려고 애쓰거나 과시해선 안 된다. 지나치게 의도적으로 하기보다는 알아채지 못하게, 아이가 배우기를 원하는 행동의 본보기가 될 기회를 잡아야 한다. 아이가 따라 하기를 바라는 본보기를 보여 줄 기회를 잡는다면, 아이 스스로 그 행동을 본받을 가능성이 매우 높아질 것이다. 역할 모델을 하는 한 부담을 느낄 수도 있지만, 이것이야말로 당신이 보여 주고 싶은 것을 아이가 보게 될 가장 쉽고도 확실한 방법이다. 이렇게 자연스러운 방식으로 기회를 잡을 때마다, 아이가 본 행동은 마음속 깊이 새겨진다. 하품이 날 만큼 지루하게 혼자 말하거나 설교를 늘어놓는 것보다 더 오래 남는다. 당신이 옳은 일을 하는 것을 아이들이 보는 순간 당신을 존경하는 마음이 커지게 되고, 좋은 본보기를 따르는 과정에서 그것은 그들 존재의 일부가 된다.

가족을 보살피는 동시에 재정적으로 부양하기 위해 막중한 부담을 지고 있는 부모와 가족이 너무 많다. 나는 당신이 얼마나 많은 곳에 끌려다니고, 아이들의 욕구를 충족시키기 위해 얼마나 열심히 일하는지 그들이 이해하고 알아주기를 원하는 것을 안다. 하루를 간신히 버텨 내는 상황에서 어떻게 본보기가 되겠다는 생각을 할 수 있을까? 하지만 아무리 힘들고 부담스럽게 느껴지더라도, 나는 당신이 그 역할을 할 수 있다고 믿는다. 아이에게 절실히 심어 주고 싶은 가치에 맞춰 삶을 조정하고, 그다음에 매일 조금씩 그 가치들의 본보기가 될 수 있다. 별로 도움이 되지 않는 방식을 반복하는 데서 벗어날 수 있다면, 그리고 자신만의 노하우를 깨우쳐 시간을 지키고 체계적이 된다면, 사람들을 친절하게 대하며 어려움이 있을 때 참을성을 보일 수 있다면, 아이가 힘들어하는 다른 어떤 심각한 문제들에 대해서도, 당신은 모두에게 이득이 되는 본보기를 아이에게 보일 수 있다.

어린 시절의 경험은 오늘날 우리가 가족 안에서 행동하는 방식의 기초를 형성했다. 우리는 본보기가 되었던 (또는 본보기가 되지 않았던) 행동에 맞추어 대응해 왔고, 우리의 아이도 마찬가지다. 하지만 지금 이 순간 당신에게는 그 본보기를 재설정할 기회가 있다. 당신이 바라는 가족의 표본이 되는 습관, 버릇, 행동을 본보기로 삼기 위해 성실히 노력하면, 과거에 있었던 일이 다시 반복되는 것을 피할 수 있다. 그것이 '적극적인 역할 모델 되기'가 아이가 세상을 헤쳐 나갈 방법을 가르칠 매우 강력한 도구가 되는 이유다.

나는 항상 부모들에게 행동은 보여 주지만 말은 그렇지 않다고 말한다. 당신이 어떤 사람인지는 '말'로 하는 것이 아니다. 당신이 행동으로 하는 모든 것이 아이에게 메시지를 보낸다는 사실을 기억하라. 흔히 "말은 번지르르하게 하는데 실제 행동으로 보여 줄 수 있을까?"라는 말을 많이 하는데, 당신은 스스로에게 그 질문을 해야 하고 아이가 볼 때도, 보지 않을 때도 언제나 '행동으로 보여 줘야 한다.' 당신은 아이에게 최고의 역할 모델이며, 당신이 보이지 않을 때도 아이는 당신을 따라 하고 있다.

완벽한 사람은 아무도 없으며, 실수를 인정하기 위해 건강한 환경을 만드는 것은 처음부터 분명한 목표를 세우는 것과 마찬가지로 중요하다. 당신과 가족이 스스로 세운 행동 규범에 맞춰 살지 않을 때는 우선 그 사실부터 인정하라. 자신에게 실망하라는 뜻은 아니지만, 주도적으로 실수를 바로잡는 것은 당신도 노력하고 있다는 사실을 가족에게 보여 주는 효과적인 방법이다. 아이가 당신의 판단 실수나 결함이 있는 행동을 알아차리지 못했다고 생각하지만,

사실 그들은 알고 있다. 공정함은 아이에게 대단히 중요하며, 당신이 스스로도 지키지 않는 기준을 들이밀었다고 생각한다면 그들은 부정적으로 대응할 것이다. 따라서 행동 규범에 주의를 소홀히 했을지도 모른다고 인정한다면, 아이가 알게 하라. 변명하지 말고 인정해야 한다. 정직의 본보기를 보이고 차분하게 아이를 존중하면서 어떻게 회복할 수 있는지 보여 주라. 모두를 위해 규칙을 따르는 것이 중요하다는 다짐을 보여라. 당신 가족의 생활 신조가 여기에 달려 있다.

10장

자신 있고 능력 있는
아이로 키우기

방향을 정하지 않거나 목적지에 도달할 방법도 모른 채 차로 떠나는 장거리 자동차 여행을 상상해 보자. 결국 어디에 다다를까? 계획도 없이 얼마나 멀리 갈 수 있을까? 부모 역할도 마찬가지이다. 우리는 각자가 어떻게 성공을 규정하는지를 이해할 수 있고, 또 그 과정에서 아이가 안전하다고 느끼며 목적의식을 가질 수 있도록, 가고 싶은 방향과 그곳에 이르기 위해 택할 길을 꼼꼼히 계획해야 한다.

이 비유에 관해 분명히 말하자면 도로 여행은 인생이고 당신은 운전자다. 그리고 부모인 당신이 할 일은 아이에게 운전을 가르쳐서 때가 되면 운전대를 넘기는 것이다. 부모가 된다는 것은 아이가 자신의 인생길을 자신의 차로 운전해서 갈 수 있도록 준비시키는 것을 말한다. 아이들은 오직 당신이 가르친 만큼만 운전할 뿐이다.

그들이 당신이 정한 길이나 그들을 위해 구상했던 길을 선택하지 않을 수는 있지만, 미래를 향해 스스로 나아가기 위해 당신이 주었던 모든 수단만큼은 활용할 것이다. 따라서 그들의 여정에서 최고의 길을 찾을 수 있도록 그들을 지원하고 가능한 많은 도구를 주는 것이 부모인 당신의 책임이다. 실제적인 측면에서 당신이 할 일은 아이의 강점을 발견하게 돕고 육성할 수 있는 건강한 환경을 만드는 것이다.

시간이 거듭될수록 나는 자신의 삶을 살지 못하는 아이들을 보아 왔다. 그들은 차를 타고 있지만 운전을 하고 있지 않다. 심지어 운전대를 넘겨받을 때가 지났는데도 그렇다. 왜 그럴까? 많은 경우 그들을 맹목적으로 사랑하고, 그들을 위해 모든 것을 하고, 그들에게 온갖 기회를 주기 위해 열심히 일하는 부모가 있다. 바로 그 안에 문제가 있다. 자신의 삶에 통제권이 없다고 느끼는 아이들은 자신감이나 독립심을 확립해야겠다고 원한 적도 없고, 자신의 차를 운전하는 법을 알기 위해 역할 모델이나 길잡이를 필요로 한 적도 없다. 다른 사람이 운전하는 차를 타고 평생을 보냈다면, 운전대를 잡을 자신의 능력을 신뢰할 기회를 절대 갖지 못한다. 스스로 삶의 방향을 결정하지 못한다면 어떻게 유능함과 자존감, 주인 의식을 가질 수 있겠는가? 너무나 많은 젊은 사람들이 독립에 실패하고, 그들에게 열정과 자기만족과 성인으로서 지녀야 할 책임감이 부족한 것은 놀랄 일이 아니다. 그들이 도로 연수를 받지 못했다면, 자신감 있는 운전자가 될 가능성은 희박하다. 부모가 좋은 동기를 가졌을지라도, 결국 "나는 네가 그것을 할 능력이 있다고 생각하지 않

2부 가족의 가치 실행하기

아."라는 메시지를 아이에게 보내게 될 것이다. 아이는 시간이 지나면서 그 말을 사실이라고 믿기 시작한다. 이와 반대로 아이가 자신의 삶이 강점을 기반으로 발전한다고 느끼고 안전과 영속성을 의심하지 않을 때, 삶의 목적을 알고 자신감이 커진다.

꼬리표 이해하기

아이에게 붙이는 꼬리표는 아이가 어떻게 변하든 접착제를 붙인 것처럼 따라다닌다. 화가 나서 아이에게 꼬리표를 붙이는 것은 당신이 할 수 있는 최악의 일 중 하나다. 아이는 그들의 삶에서 가장 중요한 사람인 부모가 붙인 꼬리표를 알게 되면, 그 꼬리표대로 행동하고 또 그 행동을 강화하는 경향이 있다.

나는 단지 지나치게 부정적인 부모와 자식의 상호작용만을 말하는 것이 아니다. 여기에는 일상에서 주고받는 메시지도 포함된다. 예를 들어 우리는 부모들이 자신의 아이를 소개할 때, "이 아이는 사교성이 아주 좋은 제 딸 메리예요."라거나 "우리 수영 선수 조니예요." 또는 "여기 우리 책벌레 크리스가 있답니다."라고 말하는 것을 듣는다. 아무리 부모가 좋은 의도를 가지고 아이를 그렇게 소개할지라도, 그들은 아이를 꼬리표가 붙은 상자에 넣어 아직 탐색하지 않은 길로 성장하는 것을 막고 있는 것이다.

나는 자신이 지적이라는 사실을 알지도 믿지도 못한 채 평생을 보낸 환자를 알고 있다. 그녀는 고등학교 내내 전 과목 A를 받으며 전교 1등으로 졸업했고, 아이비리그 대학에 진학했으며, 거기에 더

해 훌륭한 경력까지 쌓아 왔다. 그럼에도 그녀는 너무 냉정했던 부모가 남겨 준 공허감을 채우기 위해 애쓰느라, 지금도 매일 아침 눈을 뜨면 자신에 대해 확신을 할 수가 없다. 부모는 그녀가 좋은 성적표를 받거나 사회생활 초기에 단독 집무실이 딸린 승진을 하는 등의 대단한 일을 하더라도 거의 인정하지 않았다. 비록 딸이 계속 뛰어나기를 기대해서 그런 것이라 해도, 그것은 중대한 잘못이 될 수 있다. 아이들이 마음속에서 긍정적인 자기 대화를 하고 성취감을 키울지라도, 성장과 자신감을 북돋우고 세상 속으로 성공적인 첫 발을 내딛기 위한 필수 요소를 제공하는 부모에게 의지하는 것은 당연하다. 그녀의 부모는 딸을 지켜봐 주고 인정하며 존중하고 소중하다고 느끼게 하는 방식으로 딸과 관계를 맺지 못했다. 하지만 딸은 인생에서 가장 중요한 사람들, 즉 그녀의 역할 모델에게서 그것을 간절히 원했다.

좋은 성적을 받으면 상을 줘야 한다는 말이 아니다. 아이가 꾸준히 좋은 성적을 받으면 잘 대해 줘야 한다고 생각하기 쉽지만, 사실 보상은 배움의 과정에 집중할 수 없게 한다. 결과 위주의 보상은 아이가 새로운 지식이나 통찰력을 배우고 얻는 과정보다 상 그 자체에 더 초점을 맞추고 동기 부여를 한다. SWEEP에 의하면 학교는 아이의 주요한 '일'이어야 하므로, 아이는 최고의 노력과 관심을 쏟는 것이 기대되고 또 요구된다는 사실을 알아야 한다. 결과를 강조하는 대신 배움의 과정을 소중히 여기는 가정을 만들고, 아이들 각자의 노력과 성장을 높이 평가하라. 당신이 이를 완수할 수 있다면, 아이의 마음에 호기심과 다가 올 앞날에 도움이 될 개방적이고 자신감 넘치는 열정이 생기게 할 것이다.

아이가 학업 성적으로 실망시킬 때는 어떻게 대처할지 신중히 결정해야 한다. 격한 감정적 반응을 하게 된다면 한 걸음 물러서 찬찬히 살펴보라. 그 감정은 어디에서 오는가? 과거에 있었던 어떤 것과 관계가 있는가 아니면 순전히 당신 앞에 있는 아이에 대한 반응인가? 당신의 가족에게 실수는 배움의 기회인가 아니면 당신은 실수에 대한 어떤 여지도 남기지 않는가? 아이가 '완벽'해야 한다고 주장하거나 아이의 현재 능력에 비해 비현실적인 기준을 가지지 말라. 아이가 당신의 기대에 못 미칠 때 당신이 침착하고 여유로운 방식으로 대응하면 할수록 아이는 더 안전한 상태에 있다고 느끼게 될 것이다. 또한 아이가 당신에게 그들의 학습 경험에 관해 솔직히 말하게 하는 것은 그들이 힘들어하고 있는지, 성공하기 위해서 다른 자질이나 환경이 필요한지 당신이 이해하는 데 도움이 될 것이다.

아이가 학습에 문제가 있는 것 같은 느낌이 든다면, 어깨를 으쓱하고 말거나 배우는 과정에서 힘든 것은 당연한 일이라고 여기지 말라. 학업에서 겪는 어려움은 아이의 자기평가에 해로운 작용을 할 수 있다. 예를 들어 아이가 진단받지 않은 학습 장애를 겪고 있다면, 그것은 불안과 우울증 같은 문제에 위험 요인이 될 수 있다. 아이가 학업 면에서 힘들어하는 것 같다고 조금이라도 느낀다면 교사나 학교 측에 알려야 한다. 처음에는 학교 측이 이끄는 대로 따르지만 만약 추가적인 지원이 필요하다고 느끼면, 심리 교육 검사 psychoeducation testing를 받아볼 수 있다. 이 검사는 흔히 학교와 제휴를 맺은 심리학자에 의해 시행되며 아이의 뇌가 어떻게 기능하는지, 최적의 학습 환경이 무엇일지, 아이를 도울 수 있는 다른 어떤 방법이 있는지 밝혀낸다.

아이가 학습자 허가증 받게 하기

아이의 사고력이 발달할 수 있도록 도움을 주어서 그들의 인지 능력을 높이고 장기적인 성공을 위한 길을 갈 수 있도록 해 주는 방법들이 있다. 이는 단지 성공을 위한 것이 아니라 아이의 자존감과 성장을 위한 것이다.

당신은 아이에게 학습 의욕이 생기게 하는가? 만약 그렇다면 당신은 학습의 즐거움에 대해 어떤 본보기를 보이는가? 나는 과외 수업을 잇달아 받게 하거나 저녁 식탁에서 플래시카드를 건네는 것을 말하는 게 아니다. 아이의 학습을 돕는 일에는 그들의 관심을 끄는 것을 찾도록 격려하기, 조절 능력을 느낄 수 있도록 학습 주도권 부여하기, 자발적인 사람이 되도록 격려하기, 창의적인 생각이 소중히 여겨지고 공유되는 가정 만들기가 있다. 무엇이든 아이의 관심을 끄는 것에 초점을 맞출 때, 아이를 그 분야에 빠져들게 하는 가장 좋은 상태가 된다. 아이가 체스에 관심을 보인다면 지역에서 열리는 체스 대회를 알아보거나 도서관에서 체스 책을 찾아볼 수 있다. 아이의 나이에 따라 외로운 동네 어르신과 체스를 두게 하는 것은 어떨까? 글쓰기가 아이의 마음에 불을 붙인다면, 당신이 살펴볼 수 있는 온라인 글쓰기 프로그램이 셀 수 없이 많으며, 아니면 아이에게 마음속에서 무엇이 쏟아져 나올지 보고 싶다고 격려하는 메모와 함께 특별한 공책과 펜을 건넬 수도 있다.

아이를 정신적으로 자극하는 환경을 만들고 싶다면, 아이가 자신의 흥미를 끄는 무언가를 찾았을 때, 그들이 앞장서게 하고 당신은 따르면서 좋은 본보기를 보여라. 가능하면 정기적으로 당신이 열심히 배우는 모습을 보이고, 그것이 왜 도움이 되었는지 이해시키는 것도 좋다. 당신이 독서를 하거나 운동하거나 그림을 그리거나 다른 여가 활동을 하는 모습을 아이가 보고 있는가? 아이와 다른 가족 구성원이 함께 집에서 깨어 있는 동안 당신은 얼마나 자주 휴대폰을 보는가? 당신은 세계 뉴스에 관심을 나타내는가 아니면 주로 리얼리티 쇼에 중독된 모습을 보이는가? 아이가 학교에서 무엇을 하는지 아는가? 아이와 이런저런 공상을 하며 대화를 나누는가?

아이의 배움에 함께하고 있다는 것을 보여 주는 한 가지 방법은 질문을 하는 것이다. 예를 들어 겨울에 남쪽으로 날아가는 철새에 대한 책을 아이와 읽고 있다면, 책이 답을 알려주기 전에 이유를 물어봐서 아이의 사고를 자극할 수 있다. 그저 간단한 예를 들고 있긴 하지만, 비록 당신이 전혀 모르는 주제더라도 아이와 함께할 기회를 가지는 데 의미가 있다. 아이가 철새의 이동에 대해 자세히 이해하는 것보다 특히 나이가 어릴 때는 아이의 지적 호기심을 자극하는 것이 더 중요하다. 목적은 아이가 발전하는 것이지 퀴즈쇼의 다음 회에 출연하는 것이 아니라는 사실을 기억하자. 승자가 되라. 이 순간에 당신에게 필요한 것은 대화뿐이다.

아이가 당신이 하는 질문을 통해서 자극을 받는 또 다른 확실한 방법은 구체적인 질문을 하는 것이다. 부모가 아이를 태우고 집으로 가는 길에 가끔 "오늘은 어땠니?"라고 물으면, 아이의 대답은 언제나 "좋았어요."이다. 그러니 교실에 있는 애완용 햄스터, 아이가 배우는 과목, 앞으로 하게 될 체험학습, 방과 후 수업에 대해 물어보자. 아이가 더 열의를 가지고 대답할 뿐 아니라 당신도 아이의 삶 속에 들어가서 아이가 실제로 어떻게 지내는지 더 잘 알게 될 것이다.

생각하고 배우고 열심히 노력하는 아이의 능력에 대해 적극적으로 격려해야 한다. 아이가 학업과 지적인 면에서 강점을 지녔다고 격려를 받으면 자존심과 자기 가치가 향상되고, 삶의 다른 영역에서 힘들어질 때 잘 대처할 수 있는 역량이 있다고 느끼게 될 것이다. 그 밖에 불가피하게 약점이 있는 분야에서 요구되는 긍정성과 회복 탄력성까지 갖추게 된다.

아이가 강점에서 비롯된 기초를 확립하게 하라. 아이가 가능한 최고의 미래를 펼칠 수 있도록 실제로 보장하는 것은 강점을 바탕으로 한 기초뿐이다. 왜 아이에게서 그런 기회를 빼앗으려 하는가?

일관성

세상은 변하기 쉽고 언제나 우리의 통제 안에 있는 것은 아니다. 하지만 아이와 관련이 되는 한 일관성은 매우 중요하다. 이는 경직성이나 굽히지 않는 완고함이 아니다. 분명한 규칙을 세우고 나쁜 습관을 억제하며 가족 전체가 서로 굳게 지키기를 기대하는 가치를 개인적으로 그리고 집단적으로 충실히 유지하는 것이다. 아이의 열정이나 강점을 확인하고 발전시키는 것도 마찬가지다. 아이에게 항상 같은 메시지를 같은 방식으로 보내야 한다. 그러려면 많은 노력과 수고가 드는 것을 안다. 하지만 아이가 진정으로 좋아하는 것을 찾게 해 준 다음에 그 관심사를 발전시킬 기회를 계속 제공하지 않는다면, 아이의 자존감과 역량을 향상시킬 기회를 잃게 될 뿐 아니라 당신이 충분히 관심을 갖고 있지 않다는 메시지도 보내고 있는 것이다.

내게는 춤에 대한 열정을 계속 추구하고 싶었으나 부모가 재정적으로나 현실적으로 이를 돕지 않고 자신감을 심어 주지 않아서 아직도 부모에게 분한 마음을 품고 있는 40대 중반의 여성 환자가 있다. 아이가 다양한 기량을 찾고 발전시키기 위해 기회를 계속 제공하는 상황에서, 그만큼 일관성은 중요하다. 이를 위해서 나는 아이의 강점을 중심으로 일정을 짜고, 특정한 기술을 연습하거나 특정한 취미에 집중하는데 매주 몇 시간이 필요한지 예측해 보라고 권한다. 이는 아이가 관심 분야를 발달시키는 동안 기분이 좋아지게 할 뿐 아니라 체계적인 일정으로 인해 예측이 가능해지므로 그들의 불안감도 감소시켜 줄 것이다. 팬데믹이 유행하는 힘든 시기에 자아의식을 유지하기 위해 사람들이 취미에 의지했던 이유가 있다. 좋아하는 것을 하면 기분이 나아지고 스스로 위안이 되기 때문이다. 아이가 좀 더 나이가 들면 일정을 계획하는 데 자율권을 더 주어서, 그들이 주인의식을 가지고 성장하고 있다는 생각이 들게 하는 것이 중요하다. 아이가 자신 있고 능력 있는 어른이 되려면 그들의 강점과 독립심을 키워 줘야 한다.

회복 탄력성 형성하기

아이가 그들의 강점을 발견할 수 있도록 당신이 함께 노력하는 동안 그 과정에서 반드시 실망스러운 경험을 하게 될 것이다. 형편없는 성적, 코트에서의 참담한 실패, 대학 입시 실패 등 그 리스트는 계속된다. 이때가 취약성이 중요해지는 시기다. 건강하고 생산적인 방식으로 취약성을 드러내는 능력은 안전과 영속성에서 생겨난다. 어떤 사람들은 취약성을 느끼는 것을 막기 위해 세상과 단절한다. 그들이 안전하다고 느끼지 않는다면 어떻게 취약성을 느낄 수 있겠는가? 게다가 아이는 특히 가치가 있는 무언가를 추구할 때 쓰러지고 또 쓰러질 것이다. 나는 개인적으로 삶이 적어도 한 번은 그들을 무너져 내리게 할 것이라고 확신하며, 성장이란 원래 그런 것이다. 힘들지 않은 삶은 없으며 그래도 괜찮다. 당신은 아이를 모든 고난에서 보호할 수 없으며, 고통이나 실망, 시련을 겪지 않도록 보호하는 것이 당신의 일도 아니다. 하지만 실패를 두려워하지 말라고 가르치고, 힘든 시기에 회복 탄력성에 기여할 안전과 영속성은 줄 수 있다. 아이가 어른이 되어 세상 속으로 첫발을 내딛기 전에 힘든 순간에 대처하는 법을 더 많이 연습할수록, 역경이 불가피하게 찾아와도 더 잘 이겨 낼 것이다. 반면 가정에서 실패로부터 성장하는 법을 터득하는 대신에 고난이나 시련을 겪지 않도록 보호받은 아이들은 가정 밖에서 닥치는 장애물을 헤쳐 나가는 데 대단히 어려움을

　　　　　　　　2부 가족의 가치 실행하기

겪을 것이다.

이것은 무수히 많은 면에서 우리의 삶을 뒤바꿔 놓고 힘들게 한 팬데믹의 소용돌이 속에서 이미 증명된 사실이다. 부모가 할 일은 아이들이 강점과 회복 탄력성으로 대응할 수 있도록 대비시키는 것이다. 힘겨울지라도 도전하라고 격려함으로써, 또 성공하기 위해서 배우는 과정에서 실패를 용납함으로써, 당신은 아이가 단지 실패에서 살아남는 것만이 아니라 실패에서 배울 수도 있다는 사실을 가르쳐야 한다. 매우 단단하고 뚫기 힘든 기초를 형성해 둔다면, 아이는 삶의 난관에 부딪혔을 때 흔들리지 않는다. 그들이 절대 쓰러지지 않아서가 아니라 자신을 다시 일으켜 세우고 계속 나아갈 수 있는 자신감이 있기 때문이다.

3부

새로운 시작과
새로운 검사

11장

협상과 동기부여

가족과 함께 앉아 앞서 배운 각 단계들에 노력을 기울이는 것은 큰
성과다. 하지만 어떻게 그들을 실제로 변하게 할 수 있을까? 어떻
게 아이들에게 그들의 의견과 요구가 존중받는다는 사실을 보여 주
면서도, 역학 관계에서 당신의 적절한 위치를 되찾을 수 있을까?
그러려면 가족 구성원과 협상을 하고 그들에게 동기부여를 할 수
있는 능력이 중요하다.

당신에게 아이의 입장이 되어 생각하고 의사소통과 탐구를 위
해 안전한 환경을 만들라고 말했지만, 너무 지나치게 몰두할 필요
는 없다. 확실한 한계를 정하는 것도 마찬가지로 중요하다. 훌륭한
부모는 아이와 가족을 위해 최선이라면, 아이가 좋아하지 않는 결
정을 하는 것을 두려워하지 않는다. 그것에 대해 생각해 보라. 그렇
게 할 용기가 있는가? 특히 중요한 일이 있거나 감정이 이미 고조

되었을 때, 많은 부모가 이 문제로 힘들어하는 것을 종종 목격한다.

물론 아이가 스스로 선택하고 결정하도록 하며 심지어 실수를 할 여지도 남겨 둬야 한다. 그것이 그들이 배우는 법이다. 하지만 당신은 또 아이의 선택과 결정에 방향을 제시해야 하며 필요하면 한계도 정해야 한다. 가능한 최고의 결정을 할 수 있도록 필요한 정보를 주기 위해 당신이 거기에 있다. 아이에게 우유 한 잔은 건강에 좋은 영양분을 가지고 있다고 말하기 위해 아이 곁에 있는 것이고, 아이가 우유 한 잔을 마신 뒤 맛이 좋다고 하면 당신의 기분도 좋아질 것이다. 하지만 세 잔을 마시려고 할 때는 우유를 너무 많이 마시면 토할 수도 있다는 사실을 알려 주기 위해 당신이 거기에 있다. 가족의 일원과 세상 밖 한 개인으로서 성공하고 건강한 삶을 이끌 수 있도록, 아이에게 가치를 가르치고 훈육하는 것이 당신이 해야 할 일이다.

가정에서의 협상

운전면허증이 나오기를 몹시 기다리는 17세의 브라이언을 만나 보자. 그가 아빠에게 차를 사게 도와줄 수 있냐고 묻자, 그 말을 들은 아빠는 브라이언의 또 다른 아빠와 의논하겠다고 약속했다. 아빠들은 만나서 의논했고, 몇 가지 이유로 브라이언이 차를 사는 일이 아직 마음이 편치 않다고 결정했다. 그들은 시간을 잡아서 브라이언에게 얘기하기로 의견을 모았다. 준비를 하면서 대화가 흘러가는 방향에 따라 무슨 말을 하고 싶을지 자세히 의논했고, 화이트보드를 이용해서 하고 싶은 말을 써내려 갔다. 그들은 누가 대화를 시작하고, 갈등이 고조되는 조짐이 처음 나타날 때 누가 대화를 주도하며, 앞으로 있을 일들과 예상되는 점 등에 관한 시간 계획을 세울 때 누가 세부 내용을 의논할지에 대해 상의했다. 아래는 화이트보드에 적힌 일부 내용이다.

- "브라이언, 차를 갖고 싶다는 네 말을 이해한다."
- "면허증을 따자마자 차를 사는 것이 왜 그렇게 네게 중요한지 우리에게 얘기해 줄 수 있겠니?"
- "네가 어떤 기분일지 정말 잘 이해한다."
- "우리도 차를 사도 좋다고 말할 수 있기를 바라지만, 지금은 그럴 수가 없구나."
- "우리의 결정에 대해 화가 나는 것을 우리 둘 다 이해한다. 네가 속상해하는 것을 보기가 힘들구나. 하지만 너 또한 우리의 생각을 이해해 주기를 바라고 있단다."
- "지금 네가 그런 식으로 우리에게 말하는 것은 별로 옳지 않으니 잠시 대화를 멈추고 기분을 가라앉힌 뒤 다시 얘기해 보자."

브라이언이 처음 보인 반응은 화를 내는 것이었고, 그들 모두 진정하기 위해서 쉴 필요가 있었다. 합의된 30분의 휴식이 끝나자, 두 아빠와 브라이언은 다시 만났다. 브라이언의 감정이 폭발했지만, 아빠들은 다음과 같이 준비된 말을 이어 갔다.

- "우리는 이미 네게 우리의 결정에 대해 말했지만, 완전히 열린 마음으로 네 감정에 대해 얘기하고 네 생각에 대해 더 들으려고 한다. 나중에 그 모든 것을 고려한다고 약속할게. 언젠가 네 요구를 들어주기가 더 편해질 테니 지금 네 생각을 좀 더 말해다오."
- "분명히 말하지만 이 일이 네게 얼마나 중요한지 알고 있단다. 단지 지금은 그래야 한다는 네 말을 들어줄 수가 없구나."
- "이제 막 운전면허증을 발급받은 너의 아빠들로서, 우리는 이 시점에 네게 차를 주는 게 편치 않단다. 네가 우리의 결정을 좋아하지 않을 수 있고 여러 감정이 생기고 있는 것은 이해해. 그렇지만 미래에 우리가 이 문제에 대해 다시 의논할 때 이해하고 존중하는 입장에서 대화를 다시 시작할 수 있도록, 지금도 서로를 존중하는 마음으로 대화를 하면 좋겠구나."
- "차를 가지기 위해 네가 노력하는 동안 너에 대한 우리의 기대가 무엇인지 의논하면서 시간을 잘 활용하고 싶은 게 우리의 마음이란다. 나중에는 네 생각을 받아들일 용의가 있지만 지금은 타협할 여지가 없을 것 같다."

모든 가족의 역사에는 부모가 어떻게 상호작용하고 부모 각자가 아이들과 어떻게 상호작용하는지를 잘 보여 주는 협상들이 있어 왔다. 힘은 어디에 있는가? 누가 결정권을 가지는가? 당신은 아이와의 관계를 협상으로 생각하지 않겠지만, 그것은 협상이며 지금도 끊임없이 진행 중이다. 의견 차이를 중재하거나 갈등을 처리하거나 해결책을 생각해 내거나 아이의 생각을 물어보거나 아이를 훈육할 때마다, 당신은 관계에서 변화를 협상한다. 그렇다면 누가 당신에게 가족을 다루는 법을 가르쳤을까? 딩동댕! 당신의 부모이다! 당신의 첫 협상 수업 가운데 하나는 당신이 안아 달라고 울었을 때, 부모가 어떻게 반응하는가를 처음 본 것이다. 당신은 그 상황을 이해하지 못했겠지만, 그때 당신은 욕구가 충족되는 법을 배우고 있었다. 나이가 들면서 당신은 당신 뜻대로만 되는 게 아니라는 것을 깨달았다. (그러기를 바란다.) 아니면 깨닫지 못했을 수도 있는데 그것이 사실이라면 내가 장담하지만 당신과 아이의 관계는 분명 개선해야 하는 상태일 것이다. 이제 협상의 과정을 나눠서 생각해 보자.

우선 협상이 부모의 권한이라고 아이가 생각하는 것은 괜찮다는 사실을 이해하기 바란다. 우리는 거의 모든 상호작용에서 협상을 하며, 아이가 의사소통하고 협상하는 건전한 방식을 이해하는 것은 아이의 삶에 큰 도움이 된다. 아이가 나이가 들고 상황을 더 차분하고 사려 깊게 다룰 수 있게 될수록 부모와의 관계는 더 나아진다. 또 서로의 관점을 이해하고 서로를 존중하는 마음이 커질 때 평생 좋은 관계로 이어질 수 있다. 이런 특성을 아는 일은 아이에게 다양한 유형의 협상을 대하는 통찰력을 제공해 주므로, 상황에 따라서 각 특성을 활용해 보자.

흔히 사람들은 '협상'이라는 말을 떠올릴 때 중고차 판매점에서 가격을 흥정하는 것처럼 대립하는 모습을 생각한다. 그런 사고방식에서 벗어나라. 전혀 대립하지 않는 상태에서 협상하는 일이 수도 없이 벌어진다. 다른 사람과 합의된 해결책을 찾기 위해 협력하는 것은 모두 거래를 하고 있는 것이다. 친구와 같이 볼 영화를 고르는 일도 협상의 사례다. 물론 그 협상은 보통 "나는 무슨 영화든 좋아."로 시작하지만, 솔직히 말해서 우리는 거의 언제나 선호하는 영화가 있다. 자신이 로맨틱 코미디 영화를 좋아한다고 해도, "나는 로맨틱 코미디 영화를 보고 싶고 그게 내가 좋아하는 거야. 만약 네가 로맨틱 코미디 영화를 보지 않겠다면 너무 아쉬울 거야."라고 말할 일은 거의 없다. 친구가 보고 싶어 하는 영화의 장르를 알고 싶어 하고, 이후 두 사람 모두를 만족시킬 타협에 이를 때까지 선택할 수 있는 구체적인 영화들에 대해 이야기할 것이다. 저녁 식사 장소 같은 위험 부담이 낮은 것이든 장차 급여 협상과 같은 큰 문제든, 우리는 아이에게 그런 협상의 본보기를 보여 주고 가르치고 싶다. 당신은 무슨 영화를 볼지에 관해 타협이나 협상 자체를 거부한 사람과의 관계를 경험했을지도 모르며, 그 경우 당신은 분명 그 사람과 어떤 영화를 보든 즐겁지 않은 상태에 이르게 됐을 것이다. 따라서 이런 점을 생각해 보라. 영화에 관해 차분하고 열린 마음으로 대화할 수 있다면, 당신에게는 아이와 주고받는 협상을 하는 데 필요한 도구가 있다. 가족 안에서 벌어지는 모든 협상을 그것이 지닌 가치에 마땅하게 존중하라. 영화를 고르는 상황과 마찬가지로, 당신과 아이 둘 다 협상을 서로의 가장 중요한 주장이 존중받거나 적어도 완전히 이해받는 것처럼 느끼게 할 수 있다. 그런 식으로 서로의 입장을 이해하게 되면, 협상이 무엇에 관해 일어나든 서로의 자부심과 자존감이 온전히 유지되면서 끝날 것이다.

나는 당신이 가족과 협상하는 것에 대해 느낄지도 모르는 주저함을 이해한다. 아마 시도했지만 실패한 적이 있을 테고, 서로 대립

했던 때도 있을 것이다. 어느 한쪽이 협상 주제와 상관없이 대화를 완강히 거부한 때조차 있었을 것이다. 하지만 과거의 실패 때문에 단념해선 안 된다. 이 책에서 배운 모든 것과 부모 역할, 역학 관계, 의사소통에 관한 새로운 관점이 있으므로, 이제 당신은 충분히 해낼 수 있다.

아이가 성숙할수록 아이와의 관계도 성숙해져야 하며, 아이의 관점을 이해하고 실제로 고려하기 위해서는 열린 마음으로 더 많은 열린 대화를 해야 한다. 당신도 역시 성장하고 있다. 당신은 새롭게 자신을 인식할 수 있게 되었고, 자신의 문제를 아이에게 투영하지 않게 되었다. 즉, 당신에게는 큰 실패를 안겨 주었지만 아이가 완벽하게 해낼 수 있는 무언가를 막지 않게 되었다. 아이는 당신이 아니고 당신도 아이가 아니라는 사실을 기억하라. 아이의 말에 귀 기울여라. 아이가 학업이나 집안일에 대한 책임을 다하면서 당신의 기대를 충족하고 있다면, 비록 전적으로 동의하지 않을지라도 아이가 원하는 무언가에 대해 타협하지 않을 이유가 없다. 그 순간에 당신이 진짜로 할 일은 아이가 안전하고 아이의 결정이 올바른 판단에 의해서 내려진 것인지 확인하는 것뿐이다.

협상은 인기 투표가 아니고 아이가 당신을 '좋아하게' 하기 위한 동기에서 부모 역할을 해서도 안 되겠지만, 당신은 아이의 요구 사항이 어디에서 나왔는지 잘 살펴봐야 한다. 문제의 근원은 무엇인가? 나는 많은 문제가 당신과 아이의 주머니에 있는 골칫덩어리 휴대폰과 관련된 방식이나 형태, 유형에서 생겨나는 것을 보아 왔다. 쉽지 않다는 것을 알지만 아이들이 사용하는 앱을 당신도 사용하고 그들이 받아들이는 콘텐츠를 (일부라도) 받아들여 그들이 노출되는 상황에 대해 아는 것이 당신이 할 일이다. 결국 당신은 서로 존중하는 마음이 커지기를 바란다. 오직 그렇게 함으로써만 당신은 아이들에게 보다 공감할 수 있고 그들의 관점을 더 잘 이해하면서 협상에 임할 수 있을 것이다. 내가 담당하고 있는 가족의 아이들과 얘기할 때, 그들은 부모와 협상하는 일이 생기기라도 하면 너무 자주 무력감을 느낀다고 말한다. 그 이유를 아는가? 부모가 그들과 그들이 겪고 있는 상황을 이해하지 못하는 것처럼 느껴지기 때문이다. 당신이 아이들의 말과 속어를 쓰지 않으면서도 (아무도 그것을 보고 싶지는 않다.) 그들의 상황에 공감할 수 있는 순간이 바로 당신도 그들과 함께한다는 것을 그들이 알게 되는 순간일 것이다. 당신이 해결책을 찾고 싶기 때문에 거기에 있다는 사실을 아이가 알게 하라. 관련된 모든 사람이 행복해지기를 원한다는 사실을 알게 하라. 해결책을 함께 바라는 것은 매우 큰 도움이 되며, 당신의 결정이 아무렇게나 내려진 것처럼 아이가 생각해서는 안 된다. 아이는 종종 당신을 좀 성급하다고 생각하고 어쩌면 실제로 그랬을지도 모른다. 만일 아이가 해결책을 찾는데 관심이 없다면, 힘든 시도가 될 테지만 그에 대해서도 함께 다룰 것이다.

협상이 아이와의 힘겨루기가 될 필요가 없다. 모든 협상에는 공식이 존재하며, 당신이 협상할 때는 그에 따르기만 하면 된다. 50%는 머리에서 나온 생각이고 50%는 마음에서 나온 감정임을 기억하라.

아이와 협상하는 기술

부모들이 쉽사리 빠지는 가장 큰 함정 중에 하나는 아이가 행동을 바꾸기 위해 동기부여를 받고 싶어 하는 대상을 부모 생각대로 결정하는 것이다. 단지 당신이 무언가를 좋아하거나 아이가 무언가를 인정해야 한다고 생각하기 때문에, 아이도 같은 것을 좋아하거나 그것으로 인해 변화하겠다는 마음이 생기지는 않는다. 당신이 좋아하든 말든 무엇이 아이의 마음을 움직일지 생각해야 하고, 그것도 아주 많이 해야 한다. 아이의 마음을 움직이는 것이 동기부여를 받는 대상이라면, 그것은 일종의 당근이다.

아마 과거에 당신은 아이의 행동을 변화시키려고 시도했고, 아이에게 동기부여가 될 것이라 생각되는 것들을 필사적으로 찾아 잔뜩 안겼을 것이다. 유감스럽게도 그런 방법은 당신이 회복하려고 노력 중인 역학 관계를 무너뜨린다. 만약 원하는 것을 많이 주는 대가로 부모가 원하는 것을 조금 해 준다고 아이가 생각하기 시작한다면, 그들은 협상하기 훨씬 더 어려운 상대가 될 것이다. 그와 반대가 되게 해야 하고, 당신이 기대하는 적절한 상태로 아이를 되돌려 놓아야 한다. 물론 아이가 좋아하지는 않을 것이다. 반발을 사거나 심지어 싸울 수도 있다. 하지만 이는 그동안 정반대로 했던 것에 대해 반드시 치러야 할 대가이다. 아이는 결국 당신이 정한 한계를 받아들이겠지만 싸움 없이는 그렇게 되기 힘들다. 어떻게 아이를 탓할 수 있겠는가?

그러므로 과정의 첫 부분은 변화를 기대하고 있는 표적 행동 target behavior을 정확히 확인하는 것이다. 그다음 단계는 당신이 기꺼이 거래할 수 있는 보상을 결정해야 한다. 균형을 깨지 않으면서 당신이 기꺼이 줄 수 있는 것 중에 무엇이 아이에게 진심으로 동기를 부여할까? 당신이 생각하는 것을 아이가 하도록 동기부여하면서도 그것이 아이에게 유익해야 한다. 그 보상에 대해 아이와 의논할 때 주도적이 되고, 아이가 원하는 것이 당신이 생각해 온 범위 밖에 있을지라도 기꺼이 줄 수 있을지를 고려함으로써 점진적이 된다. 보상에 대해 진지하게 고려하는 것 자체만으로도 아이가 이해받고 있다고 느끼게 하고 당신에게 더 많이 협조하게 할 수 있다. 보상은 당신이 편히 줄 수 있으면서도, 결코 가족을 위해서 하고 있는 모든 일을 방해하지 않아야 한다. 당신이 기대하는 행동의 변화에서 당근과 채찍으로 활용되는 도구가 되어야 한다.

다음 단계는 보상과 기대되는 결과에 대해 동의하는 것이다. 모두의 의견이 일치하고 공동의 결정을 내려야 한다. 이렇게 서로 동의에 이르는 과정은 미래의 작은 시련이 어떻게 다루어지기를 기대하는지 아이에게 본보기를 보여 준다.

예를 들어 맥스는 다섯 살 아들에게 껍질콩을 먹이고 싶었다. 그래서 아들에게 말했고 아들은 저녁을 먹은 후에 공원에 갈 수 있다면 껍질콩 먹는 것을 시도하겠다고 동의했다. 맥스도 동의했다. 아들은 껍질콩을 시도했지만 좋아하지 않았다. 그런데 맥스는 저녁 식사 후에 아들이 공원에 가는 것을 허락하지 않았다. 내가 그 이유를 묻자 맥스는 이렇게 말했다. "아들이 껍질콩을 좋아하지 않았잖아요." 맥스는 아들이 채소를 먹게 하고 싶은 마음과 아들이 새로운 음식을 시도하는 것을 꺼리지 않게 하고 싶은 마음을 혼동한 것이다. 분명 껍질콩을 '시도'했으므로, 아들의 생각에는 행동의 목표를 달성했다고 믿었을 것이다. 하지만 맥스에게 표적 행동은 아들이 껍질콩을 '먹는' 것이었다. 아들이 한 입 베문 뒤 끝까지 먹고 싶지 않다고 할 때는 어떻게 해야 하는가? 그들은 왜 그 행동을 하기를 바라는지, 무엇에 대한 보상을 주는 것인지에 대해 효과적으로 의견을 나누지 못했다.

이는 협상 과정에서 어떤 시행착오가 있을 수 있는지를 보여 주는 한 사례다. 변화가 항상 쉬운 것은 아니며, 변화의 체계가 효과를 발휘하기 위해서는 모든 가족 구성원이 자발적이고 의욕적이어야 한다. 일부 사례에서는 맥스와 아들이 표적이 되는 행동의 본질을 껍질콩을 시도하는 것과 전체를 다 먹는 것 사이에 오해한 것과 같이, 서로가 잘못 이해할 수도 있다. 그리고 아이들이 자신이 기대하는 보상을 받기 위해 노력해야 한다는 것을 받아들이는 데 시간이 좀 걸리는 다른 사례들도 있다. 이런 경우에는 상황에 걸맞은 결과가 있다는 것을 알려 주는 것도 도움이 될 수 있다.

에이드리언과 그녀의 남편 호세를 소개하고 싶다. 그들에게는 세 살짜리 딸 델릴라가 있다. 그들은 딸이 다른 사람을 때리는 것을 멈추기 위해 도움이 절실히 필요해서 내게 오게 되었다. 이 행동이 어떻게 시작되었는지 확실히 기억하지 못하지만, 거의 6개월 동안 델릴라는 누군가 놀아 주거나 붙잡거나 들어 올리거나 기저귀를 갈아 주거나 먹을 것을 주는 것에 대한 대응으로 그 사람을 찰싹 때리거나 꼬집었다. 그들은 에이드리언이 마트에서 계산을 하는 동안 델릴라가 엄마를 물려고 하자 엄마가 딸의 손을 찰싹 때리는 것을 누군가가 목격해서 내게 오게 되었다. 목격자가 아동가족서비스 상담 전화에 신고를 한 후에 후속 조치가 취해졌고, 우리는 정확히 무슨 일이 있었는지 확인하기 위해 마트에서 영상을 넘겨받았다. 예측한 대로 델릴라는 엄마를 물려고 했고 엄마는 인내심을 잃은 나머지 델릴라의 손을 때렸다.

델릴라의 행동은 많은 측면으로 집 안팎에서 골칫거리가 되었다. 부모에게 당황스러운 일이었고 때로는 신체적으로나 정서적으로 고통스러웠다. 처음 그들을 만났을 때 내가 한 이야기는 부모 둘 다 행동을 변화시키는 공동의 목표를 위해 같은 생각을 가지고 있어야 한다는 것이었다. 나는 호세에게 그들이 자기 진단 검사를 받고 딸을 보는 시각을 가능한 분명히 해야 표적 행동에 대한 공동의 계획을 세우기 위해 힘을 합칠 수 있다고 말했다. 그다음 여러 논의를 거쳐 보상에 대한 의견을 일치시켰고, 그제야 델릴라의 때리고 무는 표적 행동을 변화시킬 계획을 짤 수 있었다.

우리는 델릴라의 나이에 알맞은 쉬운 말로, 부모가 그녀에게 때리고 무는 행동을 멈추기를 원한다는 것과 그녀가 그 행동을 자제할 수 있을 때 받게 되는 보상을 설명하면서 이야기를 나누었다. 합의된 보상은 매일 어린이집에서 돌아왔을 때 좋아하는 TV 프로그램을 보는 것이었다. 중요한 것은 델릴라가 표적 행동을 하게 만드는 감정(화나 불안 등)이 들 때, 바로 활용할 수 있는 다른 몇 가지 도구를 알려 주었다는 것이다. 그 도구는 말을 하거나 감정을 편안히 드러내거나 손 인형을 이용해서 감정을 표현하는 것 등이었다.

다음에 할 일은 델릴라에게 어떻게 보상을 조금씩 나눠 줄지 정하는 것이었다. 표적이 되는 행동을 변화시키는 첫 단계에 있을 때는 약속을 끝까지 지킬 것을 보장하기 위해서 계속해서 보상하는 것이 중요하다. 약속을 지키는 것을 몸소 보여 주고 아이와 신뢰를 쌓아야 하기 때문이다.

4일 동안 어린이집에서 잘 지냈다는 알림을 받고 어린이집 친구들과 부모에게 표적 행동을 하지 않으면, 델릴라는 4일 동안 자신이 좋아하는 TV 프로그램을 볼 수 있었다. TV 프로그램을 보는 기간 동안 표적 행동이 나타나면, TV 시청은 취소되고 시계는 처음부터 다시 시작되었다. 이것은 실수를 하면 결과가 있고, 표적 행동 대신에 주어진 도구를 활용해서 화를 다스리면 보상을 다시 받을 수 있다는 사실을 이해하기 위한 조치였다.

행동과 결과의 교환은 가정에서 배운 것을 밖에 나가서도 일상적으로 할 수 있기 위해서 아이에게 중요하다. 아이는 특정한 행동 방침을 선택할 때 그 행동으로 인한 결과의 방향 또한 자동적으로 선택한다는 사실을 이해해야 한다. 모든 행동에는 대응이 있으며, 그러한 일들이 더 예측할 수 있고 일관될수록 아이는 더 빨리 배운다. 따라서 보상과 표적 행동이 델릴라에게 분명해졌을 때, 그녀는 행동을 선택할 때 결과도 선택한 거라는 사실을 배우기가 쉬웠다. 심지어 교환의 과정도 있었다. 그리고 이것은 표적 행동을 통제하도록 동기를 부여하는 보상으로 그녀의 부모가 선택한 행동에 의해 모두 이루어졌다.

부모가 일관되고 분명했기 때문에, 델릴라는 실망을 견뎌 내는 것은 물론 화도 참을 수 있었다. 그녀는 또한 화를 효과적이고 안전하게 표현하기 위해 주어진 도구들을 잘 활용할 수 있었다. 이 도구들은 대처 기술과 함께 주어진 평생 간직할 교훈으로, 그녀의 인생을 훨씬 더 평탄하게 해 줄 것이다.

다음 단계들

표적이 된 행동의 변화가 일상의 일부가 되면, 보상의 빈도를 줄일 수 있다. 이는 과정의 중요한 부분이다. 표적 행동이 안정되고 아이의 일상이 된 후에도 보상을 중간 단계로 줄이지 않았다고 가정해 보자. 이 경우 아이가 이미 받고 있는 보상이 계속되어 만족하기 때문에, 다음 표적 행동으로 넘어가기가 매우 어렵다. 변화가 일관되고 안정적으로 일어난다면, 보상을 간헐적으로 줄여야 다음 표적 행동으로 넘어갈 수 있다. 물론 다음 표적 행동은 다른 보상을 주어야 할 것이다. 다시 한번 말하지만, 보상은 행동이 일관되고 안정될 때가지 계속 주다가 이후 간헐적인 보상으로 바꿔야 한다.

표적이 된 행동이 더 빠르게 안정될수록 간헐적 보상으로 옮겨 갈 수 있고 그것이 아이에게는 더 좋다. 빠르게 배우고 간헐적인 보상의 교환을 유지할 수 있는 아이들은 일반적으로 삶에서 더 유연하다. 이들은 실망에 대처하는 법을 배우며 무너지는 일 없이 세상과 싸울 수 있다. 반면 끊임없는 보상이 유지되어야 하는 아이들은 연약하며, 자기 뜻대로 되지 않는 무언가나 실망감을 이겨 내기 힘들다. 그들은 원할 때마다 원하는 것을 얻는 데 너무 익숙해서 그들의 기대가 충족되지 않는 상황에서는 무너지고 만다. 이것은 전반

　　　　　　　　　3부 새로운 시작과 새로운 검사

적으로 아이를 인생, 특히 실망감이나 까다로운 교사, 성난 상사, 해결해야 하는 힘든 상황 등에 잘 대비하지 못하게 한다. 따라서 표적 행동을 확인한 뒤 지속적인 보상 계획으로 빠르게 안정시키고 나면, 가능한 빨리 간헐적 보상 계획으로 넘어감으로써 아이에게 줄 수 있는 가장 중요한 선물을 주어야 한다.

아이들이 간헐적 보상 계획을 배웠다면, 그들은 불편한 감정을 참고 '아니'라는 말을 들어야 하는 직업윤리의 기초를 이해하게 된 것이며, 만족감을 느끼기 위해 서두르지 않는 법을 배운 것이다. 오늘날 세상을 둘러보면, 어려운 시기를 겪고 있는 사람들 대부분은 이러한 감정과 그 감정을 다루는 데 필요한 내면의 통제 및 통찰력을 배우지 못했거나 터득하지 못했다.

아이의 행동을 훨씬 더 긍정적으로 변화시키려고 노력하는 부모들에게 나는 열린 마음으로 솔직해지라고 권한다. 배우자와 함께 앉거나 혼자여도 좋으니, 자기 진단 검사를 하고 표적 행동을 찾기 위해 시야를 넓히며 보상 계획을 세워라. 무엇보다도 언제나 끝까지 확인하는 것에 최선을 다하라. 아이에게 좋지 않은 행동을 표적으로 삼아 적절한 행동으로 변화시키는 것은 아이의 자기 가치와 자존감뿐 아니라 가족 전체의 가치를 높여 준다. 당신의 아이는 그럴 자격이 있고 당신의 가족은 그것을 필요로 한다.

12장

변화하는 가족

당신이 배우자와 절대 변치 않는 동반자 관계를 유지하며 가족의 변화는 전혀 생각지 않을지라도 이 장을 건너뛰지 말라. 내가 다루는 대부분의 전략은 변하고 있거나 혼합되는 가족만이 아니라 모든 가족에게 적용된다. 이는 어려움이 생길 때 혼란을 최소화하고, 의사소통의 길을 열어놓는다. 평화적이고 효과적으로 부모 역할을 함께하며 안정되고 사랑이 넘치는 가정을 꾸리는 데는 물론 재결합하기를 원할 때도 도움이 된다. 세상을 살면서 무슨 일이 일어나든 운명이 우리의 것이 되려면 가족의 기초가 가능한 확고해야 한다. 그러므로 이 장에서는 가족에게 일어나는 온갖 종류의 힘든 일을 견뎌 내는 원칙들을 다룰 것이다.

지난 몇 년간 팬데믹을 겪으며, 어느 때보다 많은 가족이 사랑하는 사람의 갑작스러운 죽음이나 질병, 실직, 주거지 변동, 자녀 양육의 어려움, 경제적 스트레스 요인, 개인적 또는 직업과 관련된 이유로 심각한 혼란에 직면했다. 이미 긴장 상태에 놓였던 부부는 그들의 관계가 훨씬 더 악화되는 것을 보았고 이혼율이 21%나 증가했다. 또 다른 팬데믹이 금방 찾아오진 않을 거라고 확신하지만, 가족 구조가 인생의 위기에 대비해야 한다는 메시지는 분명하고 여전히 중요하다. 부모는 아이에게 안정되고 안전한 환경을 제공하고 아이의 성공을 위해 노력하면서 큰 시련들을 헤쳐 나갈 능력을 발전시켜야 한다.

누구도 자신의 아이가 부모의 별거나 이혼을 겪기를 바라거나 기대하지 않는다. 하지만 미국에서 결혼의 약 50%가 이혼으로 끝이 난다. 심지어 이 수치는 팬데믹이 우리의 삶에 긴장을 더하기 전이었으니, 그만큼 우리는 내가 '변화하는' 가족이라고 부르는 상황을 헤쳐 나갈 도구가 필요하다. 나는 '이혼'이라는 말에 연상되는 선입견을 피하고, 부모가 갈라섰을 때 가족에게 일어나는 일을 더 쉽고 정확하게 표현하기 위해, 이혼보다 '변화하는'이라는 말을 선호한다. 용어 선택은 부모와 아이의 죄책감과 부정적인 감정을 줄일 수 있으므로 지금부터 우리는 그 표현을 사용할 것이다.

가족이 변화할 때 아이의 욕구는 증가하므로, 모두가 잘 지낼 수 있는 가능한 최고의 상태를 만들어야 한다.

당신은 여전히 부모다

함께 사는 것의 위험과 헤어지는 것의 이로움을 살펴본 후 변화하는 가족을 선택할 때, 이것이 부모는 물론 아이에게도 더 낫다는 판단이 분명해질 때가 있다. 누구도 그들의 아이가 전쟁이 벌어지는 곳에서 살기를 원하지 않으며, 그것은 부모가 서로 잘 지내지 못할 때 자주 있는 일이다. 나는 아이를 분열된 집 '안에서 살기'보다 차라리 '떨어져 있게' 해야 한다고 항상 말한다. 하지만 이것은 매우 어려운 결정이기 때문에, 힘들 경우에는 균형적인 관점이나 힘을 얻는 데 도움을 줄 전문가를 찾아야 한다. 가족이 변화할 때 가족 모두에게 부인하기 어려운 영향을 준다. 발생할 수 있는 몇 가지 일들이 있으며, 자신과 아이를 돕기 위한 험난한 여정에서 그 일들을 회피하지 않는 것이 중요하다. 당신이 어린 시절 자신의 변화하는 가족에 잘 대처했다 하더라도, 아이도 똑같은 식으로 대처할 것이라고 속단하지 말라. 모든 가족과 모든 아이는 다르게 반응하고 대처한다.

변화하는 가족은 아이가 처리해야 할 새로운 역학 관계를 낳고, 그 역학 관계를 통해서 아이는 자신의 욕구가 충족될 수 있는 길을 찾아야 한다. 하지만 영속성과 안전이라는 기본적인 욕구는 그대로여야 한다. 당신은 여전히 부모고 그들은 여전히 아이며 가족 구조가 변했어도 그 사실은 변하지 않는다. 있는 그대로의 처리하지 못한 감정을 아이와 공유하고 싶은 충동을 이겨 내라. 이는 아이에게 지나친 부담을 주는 일이다. 아이를 부모의 감정 수호자로 만들지 말라. 지금은 물론 앞으로도 영원히 그들의 일이 아니다. 특히 가족이 변화하는 시기에 아이를 키울 때는 '부모'와 '친구'라는 두 단어의 유일한 공통점이 똑같이 두 글자라는 것이어야 한다. 목적은 아

3부 새로운 시작과 새로운 검사

이의 친구가 아니라 보호자, 부양자, 리더가 되는 것이며, 아이와 동맹을 맺고 싶은 욕구를 느끼거나 부모 역할의 인기 투표에서 승자가 되기를 간절히 바랄 때조차 그렇다. 인기 투표가 존재하지도 않지만, 만약 있다면 믿을 수 없을 정도로 파괴적인 점수 기록법이 될 것이다.

당신의 취약성에 대해 아이에게 솔직해지는 것과 아이가 당신의 정서 건강을 책임져야 한다고 느끼는 상태에 놓이는 것은 커다란 차이가 있다. 방어적인 태도를 취하거나 배우자의 흉을 보거나 미래에 대한 걱정을 함께 나누려 하거나 돈이나 외로움, 그 밖에 모두를 불안정하게 하는 어떤 다른 측면을 드러내는 일도 하지 말라. 당신의 행동과 대응을 규정짓는 요소는 당신의 결정이 모두를 위해 옳은 일이라는 확신을 강화해야 한다. 아이는 그런 안도감이 필요하다. 비록 마음속은 무너져 내리더라도 차분하며 신뢰할 수 있고 이해심 있게 행동함으로써, 모두가 겪고 있는 변화에도 불구하고 아이가 바라는 안정적인 상태는 여전히 그대로이고 앞으로도 계속될 것이라는 사실을 아이에게 보여 줘야 한다.

아무리 잘 설명해 줘도, 아이는 부모에 대해 가족을 변화시키는 결정을 한 이기적인 사람이라고 여길 수 있다. 이런 시기에 아이의 아픔을 보살피고 이해하는 부모가 되기 위해서는 아이의 반응이 고통스럽더라도 표현할 수 있게 해야 한다. 물론 부모인 당신 역시 인생에서 심한 혼란을 경험하고 있다. 하지만 당신이 먼저 헤어질 결심을 했든 결혼의 끝을 통보받았든 (아니면 그 사이 어디든), 당신은 이 변화에서 어느 정도 행위자 역할을 했다. 아이와 비교하면 당신은 적어도 시간이 조금 더 있었고 지금까지 일어난 일의 일정 부분에 대해 조금 더 많이 통제할 수 있었을 것이다. 반면에 변화하는 가족의 아이는 어떤 귀띔이나 힘도 없이, 넘겨받은 완전히 새로운 카드 패를 돌리고 있는 것이다. 그것은 감당하기 매우 힘들며 한 인간으로 발전하는 데 막대한 영향을 미친다.

이때가 아이에게 당신 자신, 당신의 모든 것이 필요한 순간이다. 아이는 이른바 '감정적인 채찍질'을 겪고 있을지도 모른다. 흔히 이혼을 하는 과정에서 이 부분을 잘 인정하지 않지만, 가족이라는 단위를 잃어버렸다는 사실을 슬퍼할 시간이 당신과 아이를 위해 반드시 필요하다. 이전과 달라질 것들에 대해 슬퍼하는 것은 괜찮으며, 아이들도 그 사실을 알아야 한다. 괜찮을 뿐 아니라 과정의 필수적인 부분이기도 하다. 상실감을 겪지 않으려 한다면 그 감정을 직면할 수도 없고, 새로운 삶을 시작할 만큼 충분히 안정을 찾을 수 없다. 아이도 마찬가지이다. 아이들은 부모가 더 이상 한 집에 살지 않고, 앞으로 가족 휴가는 모두 함께 가지 않으며, 명절을 즐기는 방식도 바뀌고, 가정의 안정감이 다르게 느껴진다는 사실을 슬퍼해야 한다. 아이들이 마음을 열고 감정을 안전하게 배출할 곳을 찾지 못한다면, 그들의 해결되지 않은 감정은 미래에 행동으로 표현될 것이고, 재앙을 부르는 지름길이 될 수 있다. 그러므로 그들이 자신의 감정을 당신에게 솔직히 털어놓도록 권하라. 그들의 기분이 나아지거나 오해를 바로잡으려고 서두르지 말고 그들이 자신의 감정을 표현할 때 귀 기울여 듣도록 열심히 노력해야 한다.

당신의 역할이 매우 중요하다. 그들에게 시간을 낼 수 있을 뿐만

3부 새로운 시작과 새로운 검사

아니라 본보기도 되어야 한다. 지금은 진지하게 노력해서 변화하는 가족의 원칙과 가치를 재구성할 때다. 아이와 함께 앉아 가족의 정체성을 상기하고 강화하기 위해 가족사진 활동을 실행하라. 이 새로운 상황에서 그들에게 거는 기대를 분명히 하라. 아이들을 위해 정서적 안전을 조성하기 위해 최선을 다하고, 현재의 강한 감정과 별도로 받아들일 수 있거나 받아들일 수 없는 한계를 확실히 해야 한다는 것을 기억하라. 당신의 반응이 덜 극적이고 감정적이며 당신이 아이가 겪고 있는 일을 더 잘 이해할수록, 그들은 든든함을 느끼고 더 강하고 확실하게 헤쳐 나갈 수 있을 것이다.

부모 역할의 새로운 동반자 관계

이제 양육권의 개념에 대해 말해 보자. 양육권은 권리가 아니라 특혜다. 부모는 가족의 변화에서 양육권을 결정하는 과정에 들어가면, 너무 자주 배우자에 대해 화를 내고 분개하며 실망하게 된다. 부모가 되는 은혜와 아이의 양육자가 되는 것이 실제로 무슨 의미인지 잊어버린다. 양육권자가 되거나 공동으로 양육 의무를 책임지는 것은 한 사람의 정신적·육체적 행복을 책임지는 것을 의미한다. 그것은 당신이 때로는 자신을 희생하면서까지 아이의 안전과 영속성에 우선순위를 두겠다는 맹세를 한다는 뜻이다. 따라서 양육권을 원하는지 솔직하게 자신에게 물어보라. 또한 당신의 변화된 가족 유형이 어떤 모습일지 고려해야 한다. 가족의 변화 속에서 전前 배우자 그리고 아이와도 관계를 재정립할 기회를 가져서, 모두를 위해 더 효과적인 체계를 만들어야 한다. 뒤늦게야 무엇이 옳은지 깨달았다면, 지금 당신에게는 다행스러운 일이므로 깨달은 사실을 바탕으로 아이에게 가장 좋은 가족 유형을 다시 계획해야 한다.

양육권 결정에서는 모든 '이득'을 제외하라. 양육권을 '이길' 수 있는 무언가로 보는 순간, 소중한 것을 잘못된 길로 가게 하는 문을 열게 된다. '승리'가 목적이라면, 아이는 발로 차는 축구공과 같아진다. 누가 아이를 '쟁취'하는가가 '승리'의 신호라면, 아이는 미성숙한 부모로 인해 평생 지울 수 없는 상처를 입게 될 것이다. 부여받은 양육권의 범위가 어떤 부모인지를 판단하는 척도가 아니고 '승리'했다는 표시는 더욱 아니다. 여기에서 '승리'는 아이들의 행복과 가족 전체의 안정에 의해서만 평가될 뿐이므로, 전 배우자와 양육권에 관해서는 승리와 패배의 패러다임을 머리에서 지워라.

만약 전 배우자가 경쟁심을 갖는 쪽이라면, 올바른 행동을 취해서 상황을 진정시키는 것이 당신의 의무다. 당신과 전 배우자 사이에 나쁜 감정이 많이 남았다 하더라도 아이의 행복이 가장 먼저라는 사실을 전 배우자에게 상기시켜야 할 것이다. 두 사람이 서로의 목소리를 들으려 하지도 않아서 생각이 일치하지 않는다면, 위험 부담이 얼마나 클 수 있는지를 이해할 수 있도록 이 문단을 사진으로 찍어서 전송하는 것도 고려해 볼 만하다. 사실 이는 모욕적인 말을 들었을 때 맞대응을 해서 상황을 악화시키기보다 증오심을 가라앉히며 입을 다물고 참아야 하는 것을 의미할 수도 있다. 또 예를 들어 '누가 공동재산의 더 많은 부분을 차지하는가'라는 논의에서 '아이 양육에 있어서 누가 어떤 중심적인 역할을 할 것인가'로 초점을 바꾸는 일을 의미하기도 하며, 이때는 변호사가 두 사람과 함께 협력함으로써 상황을 진정시키는 데 도움이 될 수 있다. 분노나 부정성이 완화되면, 두 사람은 아이를 두고 전쟁 중인 적이 아니라, 공동의 목표를 가진 협력자로서 협상할 수 있다. 이것은 당신의 욕구만을 위한 것이 아니고 복수나 무엇이 공정한가의 문제도 아니다. 아이들이 자라는 동안 보살피는 문제에 관한 것이다. 아이들은 그야말로 변화하는 상황 속에서 그들의 안전과 영속성에 도움을 줄 수 있는 양육권 조정을 받을 자격이 있다.

변화하는 부모 역할

이와 같이 가족의 구성에 큰 변화를 겪고 나면 부모 역할에도 변화가 찾아온다. 과거에 많은 책임을 배우자에게 넘겼거나 배우자에게 일임했던 부모들은 처음으로 부모 역할을 훨씬 더 많이 하게 될 것이다. 어쩌면 전 배우자가 그들을 위축시켰거나 소외감, 무능력, 두려움, 질투 등을 느끼게 만들어서 양육에서 멀어지게 했을 수도 있고, 단순히 물리적인 일만 나눠서 했을 수도 있다. 또 어떤 부모들은 양육 부담이 줄어들면서 자신을 개발할 기회를 충분히 가지고, 이로 인해 더 좋은 부모가 되는 축복을 누릴 수도 있다. 공동 양육권자를 더 많이 도울수록 아이를 위해 더 좋다. 감정이 전혀 처리되지 않았거나 관계가 극도로 나쁠 때는 무리한 요구라는 것을 알고 있다. 하지만 비협조적인 상태에서 시작한다면 가족 전체에게 영향을 미쳐 결국 위험한 상황으로 이끌 수 있다. 아이들은 당신과 배우자 사이에 오가는 모든 언어적·비언어적 신호를 알아차린다. 그들은 감지하기 어려운 모욕적인 말을 듣고 기분이 나쁜 표정을 보며 은밀하거나 공공연한 방해를 목격한다. 아이들이 어느 한 편을 들어야 할 것 같다는 생각이 들면 그것은 가족을 파괴한다. 아무리 힘들지라도 당신의 전 배우자와 건설적인 방법을 생각해 내서 가족이 파괴의 길로 가는 것을 막아라.

이혼한 부부가 서로에게 너무 감정이 상해서 전화로 얘기하는 것도 참을 수 없는 경우라면, 서로의 목소리를 듣거나 실황으로 연결할 필요 없이 행사의 일정을 잡을 수 있는 공유 달력이나 다양한 앱을 사용하기를 권한다. 혹은 두 사람이 매주나 매월마다 메신저 역할을 할 사람을 만나서 분쟁이 일어나는 것을 최소화하고, 새로운 관계에서 상대와 대화하는 법을 배우며 긍정적인 걸음을 내딛을 수 있다.

당신이 아이들의 양육권자라면 매우 바빠질 것이다. 가정에서 또 다른 양육자가 없다면, 당신은 가정의 다른 측면을 관리하는 것은 물론 부모 역할의 모든 면을 헤쳐 나가고 조정하면서 감독할 책임을 진 사람이다. 그것은 감당하기 어려운 신세계다. 게다가 완충장치가 별로 없이 재취업을 하거나 학교로 돌아가거나 지금까지 했던 대로 직장에 나가고 있을지도 모른다. 이렇게 엄청나게 많은 일을 동시에 하는 것은 벅차고 힘들다. 따라서 자존심을 버리고, 아이와 함께 보내는 시간을 갖기 위해 노력하고 소홀히 하지 않는 일이 얼마나 힘들지에 대해 현실적으로 생각하라.

이런 가족의 변화에서 예전처럼 자주 아이에게 부모 역할을 할

3부 새로운 시작과 새로운 검사

수 없다면, 아이와 함께하는 시간을 잘 보내야 한다. '양보다 질'은 진부한 표현이긴 하지만 사실이다. 아이와 시간 보내기는 경쟁이 아니고 몇 시간을 보내는가의 문제도 아니다. 다른 곳에 정신을 팔면서 함께 지내는 하루보다 마음이 통하는 멋진 1시간을 보내는 것이 더 낫다.

그동안 아이에게 관여하지 않았지만 이제 그들의 삶에서 적극적인 참여자가 되는 것에 몰두하고 있다면, 이 일이 당신에게 잘 맞는 것이다. 아이들의 일상을 아침부터 밤까지 손바닥 보듯 훤히 아는 법을 배워라. 그들의 춤 수업이나 운동 수업이 언제 어디에서 있는지 확인하고 보러 가라. 아이 친구의 부모는 물론 아이의 친구도 알아 나가라. 이는 적극적인 '부모 역할하기' 과정이다. 아이는 정해진 일과가 있을 때 잘 자라므로, 양육을 공동으로 분담하고 있다면 당신의 시간도 함께 예측할 수 있고 믿을 수 있게 느껴지는 것이 중요하다. 아이가 당신의 하루에 함께하는 날은 매순간 축복처럼 느껴지겠지만, 가족의 가치를 포기하지 말라. 아이들은 선물과 재미있는 날을 좋아하지만, 그들이 무엇보다 간절히 원하고 필요로 하는 것은 당신의 보살핌, 관심, 부모만이 제공할 수 있는 안정감이다. 당신이 그들을 위해 할 수 있는 최고의 것은 그들의 기본적 욕구를 충족시켜 줄 수 있도록 도움을 주기 위해서 시간을 함께 보내는 것이다.

새 출발을 하는 동안 부모 역할 하는 법

나는 헤어진 다음에 적어도 6~12개월은 독신으로 지내기를 강력히 권한다. 이 기간은 자신을 살펴보고 당신의 인생이 어떻게 변하고 있는지 곰곰이 생각하며 아이들에게 시간을 내어야 하는 때이다. 결혼 기간이 얼마나 오래되었든 무슨 상황이 관계를 변하게 했든, 빠른 해결책 같은 것은 세상에 없다. 당신이 겪는 죄책감, 슬픔, 분노, 두려움 외에 온갖 감정을 대하고, 비슷한 감정이 솟구치는 아이를 다독이려면 시간이 걸린다. 이때를 가족의 사적인 문제를 위한 시간으로 생각하라. 자신에 관해 분명해지고 변화의 기간 내내 아이를 도우며 당신과 아이의 관계에 초점을 맞출 때, 누구도 당신과 아이 사이의 감정의 공간에 끼어들어서는 안 된다. 치유를 위한 시간을 가지지도 않은 채 바로 새로운 관계에 돌입하면, 고통과 불편에 일회용 밴드를 붙이는 것과 같다. 일시적으로 기분이 좋아질 수 있도록 주의를 딴 데로 돌리는 대신 가족을 최우선으로 두는 선택을 의식적으로 하라.

결혼생활의 파경은 당신의 자존심을 낮아지게 해서, 관심을 받고 교제를 하고 싶은 욕구를 높아지게 만들 수 있다. 이러한 변화의 시기에는 속마음을 털어놓고 가깝게 지낼 누군가가 어느 때보다 도움이 된다. 리바운드 관계rebound relationship가 장기적으로 자아 가치를 높여 줄 수 있다는 연구들도 있다. 『사회 및 개인 관계 저널Journal of Social and Personal Relationships』에 수록된 한 연구는 다음과 같이 밝히고 있다.

"빠르게 새로운 관계를 시작하는 사람들은 다음 관계를 시작하기 위해 더 오래 기다렸던 사람들과 비교해서 행복감이 더 높았고 자신을 더 좋게 생각했다. 파트너 사이의 상당히 빠른 전환 때문에, 리바운드 만남을 하는 사람은 혼자인 상태로 지내는 시간이 더 짧으므로, 행복과 자존감에 끼친 영향이 크지 않을 수 있다. 다른 말로 하자면 상대적으로 그들은 관계의 완벽한 단절을 겪지 않기 때문에 변화의 시기를 더 순조롭게 흘려 보내며, 이는 이별이 그들의 심리 건강에 미치는 전반적인 영향을 줄였을지도 모른다."

그럼에도 불구하고 나는 어떤 종류의 관계이든, 빠르게 돌입하려는 욕구에 반드시 저항해야 한다고 생각한다. 새로운 관계가 너무 일찍 시작되면, 단순히 즐기려는 관계일지라도 아이들과 당신에게 아직 완전히 치유되지 못한 상처를 남기게 될 수도 있다. 아이들은 새로운 상황을 이해하고 신뢰하는 데 시간이 오래 걸리므로, 만약 당신이 실패할 것 같은 리바운드 관계를 시작한다면, 아이는 훨씬 더 많이 두렵고 불안정하며 불안한 기분이 들 것이다. 그들은 반항을 할 수밖에 없다. 이때 물질 남용, 학력 저하, 잘못된 의사결정이 시작된다.

아이가 당신의 새로운 관계가 다시 깨질 수도 있다고 결론을 내리면, 이미 그런 일이 일어나고 있다는 것을 알게 되거나 그들의 눈으로 직접 보지 않더라도, 그것에 대해 생각하는 것만으로 매우 불안해할 수 있다. 그저 당신이 행복하기를 원한다고 아이들이 말하더라도, 당신이 다른 누군가와 느끼는 행복은 아이들이 느끼는 안전함과 보호받고 있다는 느낌의 정도와 반비례하는 것을 명심하라. 아이들은 그게 누구든 새로 부모가 될 사람을 바라지 않는다.

부담이 아니라 한계

당신과 전 배우자는 가족이 변화할 때 양육권 문제와 새로운 부모 역할의 역학 관계뿐 아니라 서로의 관계도 잘 다루어야 한다. 아무리 고통스럽고 마음이 편치 않더라도, 당신의 끝이 난 결혼을 새롭고 제대로 기능하며 평화로운 동반자 관계로 바꾸기 위해서 필요한 모든 것을 하라. 당신이 원해서가 아니라 그렇게 해야만 하기 때문이다. 사이좋게 지내야 한다. 전 배우자와 협력 관계를 맺고, 두 사람의 새로운 관계가 어떤 모습이기를 원하는지 의견을 명확히 교환해야 한다. 기본 규칙과 기대하는 바를 더 많이 정할수록 아이를 위해서 더 좋기에, 도움을 받을 수 있도록 정신과 전문의나 심리치료사에게 상담을 받는 것도 고려할 필요가 있다.

당신이 집중할 필요가 있는 중요한 부분은 한계일 것이다. '좋은 울타리가 선한 이웃을 만든다'는 속담은 사실이다. 당신과 전 배우자는 울타리가 필요할 만큼 서로 가까이에 살진 않겠지만 분명 서로 합의한 한계가 필요할 것이다. 예를 들면 예전에는 전 배우자에게 다양한 질문을 할 수 있었지만 양육을 분담하는 사이여도 더 이상 특정 질문은 적절하지 않을 수 있다. 경험으로 봤을 때 성性이나 돈과 관련된 일 또는 예전 관계와 유사점을 끌어내거나 예전 관계를 연상시키는 질문은 피해야 한다. 전 배우자가 누군가와 만난다면 어떻게 되어 가고 있는지, 어떻게 부모 역할을 하는지, 매일 무엇을 하는지 등을 알고 싶은 것은 자연스러운 일이다. 하지만 어떤 상황에서도 아이를 다른 가정에서 일어나는 일에 관해 말하는 상황에 놓이게 할 수는 없다. 그것은 신뢰, 의리, 정직에 대한 아이의 이해를 무너뜨리고 결국 중대한 정서적·정신적 문제를 일으킬 것이다. "누가 너를 재웠니?" 또는 "엄마가 점심을 차려 줬니?"와 같은 겉보기에 악의 없는 질문조차 아이에게는 자신이 주도권 다툼에 끼었다는 기분이 들게 할 수 있다. 교묘하게 질문을 하려고 애쓰든 명백히 참견을 하는 질문이든 모두 마찬가지다. 아이들은 바보가 아니며 꼬치꼬치 질문을 받고 있음을 알아차린다. 그들의 다른 부모를 '곤경'에 처하게 할 수 있거나, 기본적인 사실에 대답함으로써 실제로 고자질하고 있는 것처럼 느끼게 하거나, 다른 부모가 그들 탓에 날카로운 비난을 받을지 모른다고 걱정하는 상태에 놓이게 하지 말아야 한다.

마찬가지로 아이가 그들의 다른 부모에게 정보를 주지 않기를 기대하거나 아이가 알지 말아야 하는 정보로 부담을 주지 말라. 내게는 남자아이 환자가 있는데, 그는 아빠가 현재 엄마의 친한 친구와 사귀고 있는 사실을 엄마에게 비밀로 유지하고 있다. 그런 종류의 비밀 유지는 아이에게 크게 부담이 되는데, 이는 아이가 자신을 정서적으로 보호해 줘야 하는 보호자를 반대로 보호하는 역할에 놓이기 때문이다. 이 얼마나 불공평한 부담인가!

변화된 관계의 새로운 한계에 적응하려면 시간이 필요하다. 과거의 삶에서 새로운 삶으로 변화할 때, 틀림없이 고통이 커지는 것을 경험할 것이다. 그것은 쉽지 않으며 그 과정에서 발생하는 힘든 일에서 아이를 보호하는 것은 보통 노력이 필요한 게 아니다. 하지만 당신과 전 배우자가 더 많이 서로를 존중하며 아이의 욕구를 우선적으로 생각할수록, 그 과정은 더 순조로울 것이다. 가족이 변할 때도 아이가 가장 필요로 하는 것을 주는 확실한 기회를 여전히 가질 수 있다. 시간과 자기 인식과 노력이 필요하지만 복잡한 역학 관계를 헤쳐 나갈 변화하는 가족의 여정에서 아이들이 언제나 최우선 순위에 있다면, 그들의 영속성과 안전은 온전하게 보존되고 어느 때보다 더 강해질 것이다.

가족이 혼합될 때 통합 유지하기

새로운 관계가 지속되어 적당한 때에 이르면, 사귀는 사람의 역할을 전 배우자와 아이에게 명확히 해야 할 것이다. 예를 들어 아이들에게 새아버지나 새어머니가 있다면, 친부모 두 사람이 주도하고 새 부모가 그에 따르는 것을 모든 사람이 받아들이는가? 구체적인 예를 들어 보자. 조니의 엄마가 스케이트보드를 사 달라는 조니의 요청에 안 된다고 말하자 이번에는 조니가 새아버지에게 똑같은 요청을 했다. 의붓아들의 환심을 사기 위해 본능적으로 사 주고 싶겠지만, 이때 가장 적절한 대응은 아내의 힘을 약화시키지 않고 "엄마에게 말해 볼게."라고 답하는 것이다. 아이들은 친부모와 새로운 배우자가 의견이 일치하는 것을 볼 필요가 있다. 그렇지 않으면 아이가 그들을 속일 수 있으며, 이혼한 부모가 한 팀으로 협력할 수 없는 것을 볼 때도 마찬가지이다.

새 부모와 의붓자식 사이에는 어른 대 아이의 관계를 맺어야 한다. 일반적으로 새 부모는 새로 자신의 자녀가 되는 아이들이 그들을 좋아하도록 재미있고 너그러운 행동으로 관계를 시작하려고 애쓰지만, 그것은 필연적으로 역효과를 낳는다. 친부모는 새 배우자가 아이에게 존경받고 아이를 존중하는 행동을 하도록 당부해야 한다. 만약 새 부모가 아이들의 마음을 사려고 너무 애쓴다면, 아이는 그들을 존경하는 법을 배울 수 없고 결국 그들을 배우자로 선택했던 친부모에게 대한 존경심을 잃게 될 것이다. 반면에 새 부모가 자신이 정한 규칙을 너무 많이 주장하려 한다면, 아이들은 새 기준들을 가족사진의 일부로 받아들이는 것을 거부할 수도 있다. 새 부모는 아이의 협력자이자 지지자여야 하지만, 친밀한 관계를 맺는 데 시간이 걸린다는 것을 이해하라. 새 부모와 아이의 관계는 그들만의 길이 있다는 사실을 믿어야 한다. 종종 친부모가 아이에게 새 부모를 좋아하라고 압박을 가하지만, 대개 반대의 결과를 낳는다. 어느 쪽으로도 강요하는 일 없이 그들의 관계가 발전하게 하라. 이 관계에 어떤 압력도 가하지 않음으로써, 아이에게 그들 스스로 새 부모를 좋아하는 법을 배울 기회를 주어야 한다. 이는 새 배우자가 아이의 삶 속으로 들어가는 일도 용이하게 해 준다.

새 부모는 아이와 친부모 사이의 관계를 지지해야 하고 친부모에게 자신의 의견을 절대 주어서는 안 되며 어느 편도 들지 않는 중립적인 사람이 되어야 한다. 다시 말하지만 새 부모는 아이에게 친구가 되려고 애써선 안 된다. 그들은 친구가 아니다. 그들이 할 일은 아이의 양육에 관한 의견을 주는 게 아니라 듣는 것이고, 당신과 전 배우자의 부모 역할을 따라 하는 것이다.

당신과 전 배우자가 여전히 사이가 좋다면, 새 배우자는 전 배우자와 관계를 맺으려고 노력해야 한다. 그렇게 하면서 그들 사이에 일정 수준의 신뢰가 싹틀 것이고, 이를 제안한 당신은 전 배우자에게 존중하는 마음을 보여서 보답을 받게 될 것이다. 한 번 생각해 보라. 아이와 상호작용하고 있는 모든 사람을 알고 싶지 않은가? 전 배우자와 새 배우자가 단 둘이 앉아서 서로를 알아 가는 것은 도움이 될 것이다. 두 사람이 건강한 관계를 형성하면 관계의 이 새로운 변화에서 순조로운 부모 역할 과정을 보장받게 될 것이다. 당신과 전 배우자가 사이가 좋지 않다면, 이 새로운 관계가 발전할 가능성이 없으며, 그렇다면 새 배우자는 그저 당신이 이끄는 대로 따르고 조용히 해야 한다. 아이가 새 배우자에게 당신의 가족 체계에 대해 물어보고 의견을 구하더라도, 새 배우자는 듣기는 하되 의견을 제시하지 말아야 한다.

나는 10세, 8세, 3세가 된 3명의 아이가 있는 부부를 치료한 적이 있다. 그들은 15년을 함께 살았지만 남편이 바람을 피우고 그 여자와 함께 살기를 원하면서 헤어지게 되었다. 아내가 얼마나 상처를 받았을지, 또 남편이 양육권의 50%를 요구했을 때 얼마나 힘들었을지 상상할 수 있을 것이다. 하지만 나는 아내에게 남편이 밉고 그와는 아무것도 하고 싶지 않더라도, 아이들이 아빠를 볼 수 있게 하고 더 중요한 것은 아빠를 사랑하게 해야 한다고 열심히 설득했다. 나는 남편과 아내를 같이 만났으며, 우리는 아이들이 아빠의 새 동거인을 만나게 할 방법을 위해 논의한 뒤 매우 신중한 계획을 세웠다.

처음에 아이들은 그녀를 아빠의 친구 중 1명으로만 보았다. 만남의 긴장을 줄이기 위해서 여럿이 만나는 자리에 섞여서 그녀를

3부 새로운 시작과 새로운 검사

만나곤 했다. 그녀는 체계적인 계획에 따라 서두르지 않고 함께 만나는 친구들의 수를 서서히 줄여 가며 아이들을 만났고, 결국 그녀와 아이들과 아빠만의 자리를 가졌다. 일단 아이들과 새 여자 친구 사이에 편안함이 자리를 잡자, 그제서야 아빠는 아이들에게 그녀가 친구 이상이라고 밝힐 수 있었다.

그러는 동안 내내 나는 엄마의 분노를 없애고 해결하기 위해 정기적으로 만나고, 아이들이 여전히 그녀의 중심이라는 사실을 분명히 했다. 아이들이 아빠의 새 여자 친구와 만나고 엄마가 부정적인 감정과 아픈 마음을 처리하고 있을 때쯤, 나는 엄마와 아빠의 새 여자 친구가 만나도록 주선했다. 두 사람은 아이들, 아이들을 대하는 법, 일관성이 생기게 하는 법, 의사소통하는 법에 대해 대화를 나누었다. 유쾌하지는 않았지만 정중했다.

이 사실이 중요하다. 유쾌하지는 않지만 '효과적일 수 있다.' 모든 당사자 사이에 모든 상황이 (필요한 만큼 충분히) 우호적이라는 사실을 아이가 알고 났을 때, 비로소 그들은 숨을 쉴 수 있었다. 목적은 '아이들의' 안전과 영속성이다, 그렇지 않은가? 절대 그것을 잊지 말라. 당신과 새 배우자가 데려온 아이들과 이미 혼합 가족을 이루었다면, 당신은 아마 친자식과 더 가깝겠지만 모든 아이를 동등하게 대해야 한다는 사실을 잊지 말아야 한다. 당신의 친자식은 가족이 변해서 새로운 구성원, 특히 다른 아이들이 가족에 포함되는 것을 볼 때 힘들어할 것이다. 하지만 모든 가족 구성원은 기준을 지켜야 하고 그렇지 않으면 통합은 이루어지지 않을 것이다. 통합하는 과정에서 가능한 빨리 혼합 가족의 새 가족사진을 만들고, 그곳에서 모두가 새로 구성된 가족의 가치, 기대, 우선순위에 대해 논의한 뒤 기여할 기회를 가져야 한다. 모두를 같은 삶의 공간에 있게 하고 벗어나지 않게 함으로써, 모든 혼란과 갈팡질팡하는 마음은 결국 가라앉고 통합된 가족이 될 수 있다.

가족이 변화하는 과정에서 어디에 있든, 당신의 변화하는 가족은 당신의 아이들이 필요로 하는 팀이 되기 위해 양육을 분담하는 배우자와 함께 협력해야 한다. 말보다 행동이 더 중요하므로, 성공적으로 부모 역할을 분담하기 위해 어떤 불만이 있어도 그 위로 올라설 수 있는 연합 전선이라는 사실을 아이에게 보여 주라. 심지어 의견이 일치하지 않을 때도 훈육, 한계 정하기, 결과 정하기, 아이들의 강점에 대해 말하기, 아이들의 친구 문제 해결하기 등에서 한 팀이 되기 위해 노력하라. 여기에 중단이란 없다. 가족의 가치는 가족이 변화할 때 더욱 우리 손에 달려 있다.

3부 새로운 시작과 새로운 검사

13장

자주 묻는 질문들

나는 분명히 당신이 부모가 되었을 때 당신 옆에 있지 않았지만, 아무도 그 운명적인 날에 앞으로 직면하게 될 모든 상황을 성공적으로 다룰 수 있는 부모 역할 안내서를 당신에게 건네지 않았을 것이라고 확신한다. 또한 이후 오랫동안 당신이 완전히 입증된 육아 지침서를 받은 적도 없을 것으로 확신한다. 물론 그런 것은 존재하지 않으며, 각기 다른 성격의 아이를 키우고 복잡한 역학 관계를 다루면서 가족을 온전하게 지키는 일을 단 하나의 매뉴얼로 해결할 수는 없다. 그럼에도 불구하고 나는 지난 30년간 미국 전역에 있는 가족들을 치료하면서 비슷한 주제와 질문들이 생겨 나는 것을 보았고, 그래서 이번 장에서는 자주 받았던 질문들을 다루려고 한다. 또한 팬데믹과 급변하는 세상에 관해 부모들이 품어 온 의문들도 볼 수 있을 것이다. 물론 각 가족과 그들이 처한 상황은 다르므로 나는 당신의 구체적인 상황에 대해서 전문가와 상의하는 것을 권한다.

Q: 아이가 거짓말을 하고 있다면 어떻게 해야 할까요?

A: 아이에게 당신의 집에서 거짓말이 설 자리가 없다는 모범을 보여 왔고, 아이와 얼굴을 맞대며 대화해서 기초를 마련해 왔기를 바란다. 만약 당신이 더 좋은 기회로 갈아타기 위해 몸이 좋지 않다고 얘기하면서 계획을 취소하는 것을 아이가 보았다면, 당신은 기초를 세우지 않은 것이다. 따라서 당신이 아이에게 어떤 본보기가 되고 있는지, 선의의 거짓말이 괜찮을 때에 대해 얼마나 분명한 예를 보여 주고 있는지, 사람들의 감정을 상하지 않게 하거나 자신의 불편함을 덜기 위해 사실을 감추는 일에 대해 얼마나 제대로 설명했는지 들여다보라. 아무리 의도가 순수해도 아이는 늘 보고 있기 때문이다.

거짓말은 대부분의 아이에게 어느 정도 일반적이다. 아이는 주목을 끌기 위해, 곤란한 상황을 피하기 위해, 특정한 상황에서 불편을 줄이기 위해 아니면 당황하기 때문에 거짓말을 한다. 이때 아이가 당신에게 거짓말을 하고 있다는 것을 알아차리는 순간 당신이 보이는 반응은 그들이 거짓말을 다시 할지 그리고 얼마나 자주, 어느 정도 할지에 영향을 끼친다. 반응을 심하게 하면 할수록 아이가 거짓말을 계속할 가능성도 높아진다. 다른 말로 하자면 목소리를 높이고 몹시 화를 내면서 대응하기보다 아이가 왜 거짓말을 했는지, 거짓말은 왜 올바르지 않은지, 거짓말이 가져온 피해를 어떻게 회복할 수 있는지에 대해 아이의 나이에 맞게 대화해야만 한다. 어린아이들은 아직 거짓말에 관련된 도덕성의 개념을 이해하지 못할 수도 있지만, 나이가 든 아이들의 거짓말이 '걸렸다면' 이는 당신에게 가르칠 수 있는 순간을 제공한 것이다. 아이의 거짓말이 늘어 가는 것을 눈치채고 있다면, 거짓말의 근본 원인이 다른 곳에 있고 문제가 될 수 있으므로 주의를 기울여야 할 위험신호가 될 가능성이 있다. 일어날 수 있는 모든 위험신호와 마찬가지로, 이 상황의 원인이 무엇이며 얼마나 심각한지 조사를 하려고 나설 필요가 있다. 결과를 되뇌거나 처벌을 되풀이하기보다 아이와 친밀한 관계를 쌓고, 옳고 그름을 가르치며 거짓말 아래에 무슨 동기가 있는지 이해하는 데 초점을 맞추라. 차분하고 존중하는 태도로 그들이 무엇에 대해 거짓말을 하든지 문제를 바로잡기 위해 함께 노력하라. 이러한 것들은 앞으로 다가올 몇 년 동안 당신이 본보기가 되어 노력해야 할 투자이고, 아이들을 올곧은 사람으로 키워 떠나보낼 때까지 원하는 목표를 이루게 할 실행 방법이다.

Q: 아이에게 타임아웃이나 외출 금지를 적용하면 효과가 있을까요? 처벌의 효과적인 범위는 무엇인가요?

A: 타임아웃이나 외출 금지는 일반적으로 아이가 당신에게 화가 나게 만들어서, 당신을 더 조종하고 속임수를 쓰며 반항하도록 부추기는 처벌 방법이라는 사실을 이해해야 한다. 다른 말로 하자면 이 방법들은 종종 부모가 원하는 결과를 얻기에 효과적이지 않다. 아이가 타임아웃이나 외출 금지를 따를 때도, 그들은

거기에 앉아서 안달이 나고 마음속에서 분노와 적개심을 일으키며, 그것은 다가오는 몇 주 이내에 겉으로 드러나 다시 원점으로 돌아가게 할 것이라고 확신할 수 있다.

10대 자녀가 귀가 시간을 지나치거나 그보다 어린 자녀가 부적절하고 위험하게 행동했다면, 처벌보다 더 좋은 대응이 있다. 그 순간을 그런 행동이 왜 사라져야 하는지 이유를 가르치는 기회로 삼고, 아이의 나이에 걸맞게 차분히 대화를 시도하자. 미래에 똑같은 상황이 발생할 때 더 잘 대처할 수 있는 법에 대해 얘기할 수도 있다. 부모는 너무 자주 아이가 반항하는 중에 (지극히 당연하지만) 감정적이 된다. 하지만 논리만이 아이의 부정적인 행동을 나아지게 하고 결국 사라지게 할 유일한 방법이다. 아이가 주도적으로 행동하게끔 하면서 자신이 한 행동의 결과에 대처할 수 있도록 노력하라. 부모의 지지를 느끼고 미래에 다른 식으로 행동할 수 있는 방법을 가르쳐야 한다.

Q: 내가 할 수 있는 모든 일을 했는데도 아이가 여전히 반항한다면, 어떻게 훈육해야 할까요?

A: 당신이 '모든 일'을 했다는 것은 당신의 역할에 대해 스스로 인식하고 있을 뿐 아니라, 아이의 욕구를 이해하고 왜 아이가 부모를 신뢰할 수 없어서 반항에까지 이르게 되었는지 알아차렸다는 의미가 될 것이다. 그러나 그러한 것들이 진짜 제대로 되어 왔다면, 훈육을 최소화하거나 아예 하지 않아도 될 게 분명하다. 그러므로 이 질문을 하고 있다면, 이는 당신이 부모 역할에 완전

히 전념하지 않았다는 뜻이다.

마음에서 우러나 부모 역할을 한다면 원하는 결과를 얻게 될 것이다. 어떤 부모들은 제대로 된 부모 역할이 도달하기 쉬운 목표라고 생각해서 시작하자마자 좌절하기도 한다. 그러나 겉보기에 사소하지만 부모로서 그리고 가족으로서, 당신이 그동안 해 온 일들을 떠올려 보자. 당신이 이룬 성공 하나하나가 대단하기에 작은 성공 같은 것은 없다. 따라서 시간을 내서 자신을 축하하고 열심히 노력한 대가를 반드시 누려라. 또한 가족으로서 거둔 성공들을 축하할 수 있다. 예를 들어 당신이 SWEEP 로드맵을 완수했다면, 하루종일 볼 수 있는 곳에 전시해서 모든 가족 구성원이 진척 과정을 보고 따라 갈 수 있게 하라. 그 로드맵을 매일 보는 것은 모든 구성원에게 강한 동기부여가 되며, 특히 목표에 도달하기 위해 먼 길을 가야 하는 구성원에게는 더욱 그렇다. 또한 구성원 각자가 이 과정에 관한 자신의 감정과 생각을 말로 표현할 기회를 갖는 것이 중요하다. 아이가 반항하거나 배고프거나 지쳤을 때를 제외하고, 나이에 적합한 대화는 언제나 훌륭한 선택이다. 일주일에 1~2회 식사 시간에 모두가 자신의 진전에 관해 개인적으로, 가족으로 어떻게 느끼는지 편안하게 이야기해 볼 수 있다.

당신이 좌절하기도 하고 때로는 패배감에 사로잡히거나 포기하고 싶어진다는 것을 이해한다. 그런 마음이 드는 것이 정상이며, 이 일이 그래서 어렵다. 그런 상태가 되면 당신이 어떤 감정을 느끼는지 살펴보고 감정적 불편함에 굴복하거나 완전히 포기하는 대신, 당신과 부모 역할의 동반자가 훨씬 더 많이 서로 지지하라는 신호라고 생각하라. 굴복하거나 포기한다면, 자신과 가족을 실망시키게 될 것이다. 천천히 시작하고 꾸준히 하라. 성급하게 많은 변화를 원해서 감당하기 힘들어지는 대신 얻게 되는 모든 수확에 감사하라. 당신의 가족이 하룻밤 사이에 지금의 상태가 되지 않았듯, 원하고 필요한 상태에 이르기 위해서는 참을성, 사랑, 존중과 더불어 시간이 필요하다.

Q: 아이가 뭔가를 요청했을 때 '글쎄'라고 대답하면 왜 그렇게 화를 내나요?

A: 아이들은 구체적인 사고를 한다. 이 말은 아이들이 '예, 아니요'라는 점에서 생각한다는 뜻이다. 그러므로 당신이 '글쎄' 또는 '잘 모르겠는데'라는 답을 주면, 명확성의 부족이 그들을 화나게 한다. 아이는 '검정색' 또는 '흰색'의 답을 찾고 있는데 당신이 '회색'이라고 말하기 때문이다. 그들은 혼란스럽고 불확실하다고 느끼며 결국 기분이 상하고 만다. '아니'는 '안 돼'를 의미하고 '응'은 '그렇게 해'를 의미한다. '글쎄'를 버려라.

Q: 아이가 해서는 안 되는 일을 하고 있다는 생각이 들 때, 아이의 휴대폰이나 소셜 미디어 계정, 이메일을 봐도 괜찮은가요? 보기 전에 아이에게 말해야 하나요?

A: 아이가 휴대폰을 갖고 소셜 미디어 계정을 열거나 또는 그중 하나를 하는 순간, 언제라도 부모가 확인할 수 있다는 기본 규칙

을 먼저 알려 줘야 한다. 나이에 상관없이 누구도 자신의 사생활이 침범당하는 것을 원치 않으므로, 그들의 피드나 문자 메시지 등을 훑어보는 것이 사생활 침해가 아니라는 점을 미리 말하라. 부모의 이런 특권(특권이 맞다)을 처음부터 조건으로 말하지 않으면, 피드나 문자 등을 확인하는 것을 아이가 알게 됐을 때 마음속 깊이 박히고 오랫동안 관계를 해칠 수 있는 상처가 될 것이다. 그것은 당신이 생각하는 것보다 더 많은 문제를 일으킬 수 있다.

아이들이 친구나 주변 사람들과 어떻게 교류하고 있는지 보는 것이 부모의 당연한 권리라는 점을 소상히 밝힌 '소셜 미디어 및 전자기기 계약서'를 작성하는 것도 고려할 만하다. 부모와 아이 둘 다 기대하는 바가 매우 분명하다는 표시로 계약서에 서명을 해야 하며, 그에 따라 앞으로 계약서를 언급할 수 있다. 아이에게 전자기기를 줄 때 기대할 수 있는 최선의 결과는 크게 놀랄 일이 없는 것이다. 어떤 측면을 보고 싶든 소셜 미디어를 하거나 새 기술을 사용하는 상태에 대해 무작위로 선택해서 확인하라. 아이들의 소셜 미디어를 팔로우하고 게시글과 댓글을 읽겠다는 조건을 명시하는 것을 고려하라(그 합의의 일부는 댓글을 달거나 다른 식으로 아이를 '당황스럽게' 하지 않는 것일 수 있다). 아이에게 소셜 미디어에 접근하는 특권을 허용하기 전에, 아이의 행동에 대한 기대가 무엇이고 그 기대나 계약의 다른 조항을 어긴다면 무슨 결과가 있을지 분명히 하라. 매우 분명한 행동 규범을 세울 때, 혹시 문제가 발생해도 권한을 가진 사람으로 계속

남을 수 있다.

아이가 의심스러운 것을 할 때까지 기다렸다가 확인해선 안 된다. 아이의 사생활보다 중요한 것은 아이의 안전이다. 아이는 언제든지 온라인 포식자의 표적이나 온라인 학대의 희생자가 될 수 있다. 당신의 아이가 스스로를 보호할 준비가 되어 있는가? 그럴 수 없다는 내 말을 믿어라. 아이의 신경 발달은 위험한 상황을 빠르게 알아차릴 판단력이나 통찰력을 아직 지니지 못했다. 그것은 부모인 당신이 할 일이므로 당연히 볼 권리가 있다.

Q: 아이가 자신의 인스타그램이나 다른 소셜 미디어 계정에 내가 팔로우하는 것을 수락하지 않을 때 어떻게 해야 할까요?

A: 이 또한 아이와 작성하는 전자기기 사용 계약서에 분명하고 자세히 명시되어야 하는 조항이다. 아이의 소셜 미디어를 팔로우하는 것이 당신에게 중요하다면, 그것을 아이가 처음 소셜 미디어를 하도록 허락할 때 계약서에 명시하라. 나중에 하는 것은 매우 힘들고, 아이와 신뢰하며 존중하는 관계를 유지하고 있다면 특히 어렵다. 하지만 그런 상황이더라도 절대 너무 늦은 때란 없다. 아이와 변화의 필요성에 대한 진솔한 대화를 나누고 달라질 필요가 있는 지침에 대해 설명하라. 행동 규범을 알려 주고 그것을 지키지 않을 때 어떤 결과가 있을지 분명히 하라. 시작할 때는 불편할 것이며 특히 아이가 전자기기를 자유롭게 사용하는 데 익숙하다면 더 그렇겠지만, 당신은 부모고 당신이 결정할 문제다.

Q: 아이가 술을 마시기 위해 몰래 나가는 위험을 무릅쓰게 하는 대신 차라리 집에서 마시게 하는 것이 더 안전하지 않을까요?

A: 여기에서 주된 문제는 아이가 몰래 나가는 것을 막기 위해 집에서 술을 마시는 것을 허락할지 말지가 아니다. 내가 보는 문제는 바로 이것이다. 당신은 당신의 아이, 특히 10대 자녀와 물질 남용에 관한 개방적이고 솔직한 대화를 할 만큼의 관계를 확립했는가? 당신은 음주와 관련해서 책임감 있는 모습을 아이에게 보여 주었는가? 당신과 배우자가 "우리 중에 누가 오늘 술을 마시고 나머지 사람이 집까지 운전할까?"라고 말하는 것을 아이들이 들었는가? 다음 날 제시간에 출근하고 좋은 컨디션을 유지하게 하기 위해 가볍게 한 잔하고 그만 마시는 것을 아이들이 보았는가? 아이가 집에서 술을 마시도록 허락하는 문제와 관련해서, 운전이나 다른 외부적 요인 때문에 안전하지 않은 환경에 아이가 있는 것을 원치 않는다는 점은 이해한다. 하지만 미성년자 음주가 집에서 일어날 때 당신이 보내고 있는 메시지는 법을 위반해도 괜찮다는 내용이다. 10대 자녀가 집에서 술을 마시는 것은 아무리 합리화를 시킨다 해도, 통계는 나쁜 결과를 초래하는 매우 위험한 상황이라는 것을 보여 주고 있다.

Q: 아이의 가방에서 약물을 발견했는데 어떻게 해야 할까요?

A: 발견한 약물이 각성제이든 마약이든, 약물의 발견은 심각하게 다뤄져야 한다. 그 약물을 압수하는 것이 첫 단계이고 그다음에 감정적이 아닌 논리적인 대화가 뒤따라야 한다. 약물 사용의

정도와 약물을 쓰게 된 근본적인 문제에 따라 적절한 방안이 수립되고 시행되어야 한다. 약물을 입수한 경위와 관련된 다른 상황을 더 밝히는 동안, 경찰이나 다른 기관의 개입이 필요할지도 모른다. 심지어 아이가 약물을 복용하지 않았을 수도 있다는 사실을 지적하고 싶다. 약물을 팔거나 친구에게 주었을 수도 있는데, 그것은 미성년자 약물 거래라고 부르는 범죄다. 규칙을 어기면 결과가 따르듯 법을 위반하는 행위에도 그런 결과들이 따른다는 사실을 모든 가족 구성원이 이해하는 것이 중요하다. 아이를 위해 감추거나 가족 내에서 비밀로 유지하기 위해 아이와 협의하는 것은 쉽고도 간단하게 당신을 공범으로 만든다. 치료를 이유로 타당하게 받았을지라도, 당신이 모르는 어떤 종류의 약물도 아이가 소지할 이유가 없다.

약물을 복용하는 많은 10대의 공통점은 진단을 받았든 받지 않았든, 때로는 주의력결핍 과잉행동장애나 불안, 행동 장애, 적대적 반항 장애의 치료를 위해서 스스로 약물을 복용하고 있다는 것이다. 약물은 복용하는 순간에는 기분이 좋다고 느끼지만, 이는 그들을 암흑의 길로 끌어내린다. 또한 약물을 사용하는 많은 아이에게 정신 건강 문제와 물질 남용의 가족사를 종종 발견한다. 아이를 힘들게 만드는 가정 내 문제가 있는 경우가 많으며, 이때 약물은 아이가 통제할 수 없는 문제에서 벗어나게 해주는 도피처나 빠른 해결책이다. 불행히도 당신은 약물을 발견하게 되기까지 아이의 위험신호를 놓쳤을지도 모른다. 당신을 비난하기 위해서가 아니라 "내 아이는 절대 마약을 하지 않을 겁니다! 그럴 리가 없어요!"라고 생각하는 부모를 비롯해서, 모든 부모가 약물과 같은 위험신호를 주의 깊게 살펴야 하기 때문에 하는 얘기다. 어떤 부모도 약물이 내 아이의 생활의 일부라는 사실을 알고 싶지 않겠지만, 실제로 가능성이 있으므로 위험신호를 찾고 행동에 나서기 위해서 가능한 대비를 해야 한다.

발견한 약물에 대해 아이를 존중하면서 차분하고 솔직한 대화를 나눌 수 있도록 '50%는 머리로, 50%는 가슴으로' 공식을 기억하라. 발견한 약물에 대해 알아낼 수 있는 모든 것과 아이가 얼마나 자주, 얼마나 오랫동안 복용했는지 확인해야 한다. 아이를 이 길로 들어서게 한 이유에 대해 필요한 정보를 확인하는 동안, 아이에게 SWEEP도 해야 할 것이다. 혈액검사가 포함된 건강 검진을 예약하고 상황이 보다 명확해질 때까지 야간 외출이나 전자기기의 사용을 금지하는 등 변화된 규칙을 시행해야 한다. 화가 나는 만큼 일을 처리하는 과정에서 인내심을 가져야 하는 것도 잊지 말라. 분노를 표출하는 것은 수치심이나 고통, 분노, 좌절 등 아이에게 일어나고 있는 감정을 더 키울 뿐이다. 당신이 자제력을 잃게 되면, 아이는 약물을 복용해서 대응하거나 문제를 악화시키게 될 것이다.

Q: 아이가 나보다 몸집이 커서 신체적으로 위압감을 느낄 경우, 어떻게 훈육해야 할까요?

A: 자신의 아이가 두렵다면 아이에게 너무 많은 힘을, 아마 너무 오랫동안 주었을 것이다. 예를 들어 아이가 학교에서 싸우거나

학교 밖에서 다른 사람을 위협해 왔다면, 상황에 따라 이제는 사실 외부의 힘이 개입해야 하는 상태일 수도 있다. 아이와 관계를 유지하기 위해서는 논리적이 되고 아이를 존중하는 것이 최선이다. 하지만 실제로 아이 곁에서 안전하지 않다고 느낀다면 이제는 지원을 요청할 때다. 아이가 신체적 위협을 줄일 수 없다면, 아동가족서비스국이나 심지어 경찰에 전화하겠다는 점을 아이에게 분명히 하고, 그래도 아이가 멈추지 않는다면 기관에 전화할 마음의 준비를 해야만 한다. 가정을 안전한 곳으로 지키는 것이 당신의 책임이다.

Q: 아이가 친구들과 밖에서 놀고 집으로 돌아왔을 때, 무작위로 약물 검사를 시켜도 될까요?

A: 부모는 아이와 존중, 개방적인 의사소통, 신뢰, 정직을 기초로 하는 관계를 형성하고 발전시켜야 한다. 그런 기초가 잘 자리를 잡았다면, 아이가 세상 속으로 나아가 친구들과 어울릴 만한 나이가 되었을 때, 약물에 관한 당신의 바람에 대해 솔직하게 아이를 존중하는 마음으로 열린 대화를 하는 것이 적절하다. 그런 대화를 나눌 때, 무작위로 약물 검사를 하겠다는 얘기를 꺼낼 수 있다.

하지만 아이가 10대가 되기 전에 당신과 아이 사이에 그런 관계를 맺지 못했다면, 무작위 약물 검사의 도입은 당신과 아이 사이에 오해를 불러오는 두려운 방법이 될 수 있다. 이 경우 아이는 당신을 얼마든지 속일 수 있다. 관계를 쌓기 위해 노력하는데 너무 늦은 때는 없으므로, 약물 검사보다 관계 개선을 위한 맥락의 대화를 나누는 게 더 적절하다.

Q: 아이가 화났을 때나 정말 원하는 것을 허락하지 않으면 '죽고 싶다'고 말하는데, 이럴 때는 어떻게 해야 하나요?

A: 아이가 부모에게 죽고 싶다는 말을 한다면, 이는 심각하게 받아들여야 한다. 가족 주치의나 정신 건강 의료 전문가, 이용할 수 있는 각종 상담 전화 등에 연락해서 당신에게 지침을 줄 전문가와 논의해 보자. 아이가 상대방을 조종하기 위해서 죽고 싶다고 말하고 있다면, 그것은 자살경향성suicidality의 위험도를 측정하는 데 필요한 초기 평가를 한 후에 다루어질 것이다.

아이가 평가를 받을 때 다양한 정신 건강 전문가를 만나겠지만, 결국 평가는 정신과 전문의, 되도록 소아청소년 정신과 전문의에 의해 행해져야 한다. 이때는 부모, 아이, 가족이 실제로 위기의 순간에 놓인 것이기 때문에 매우 힘든 시기가 될 수 있다. 그러나 의료 전문가가 당신을 도와주기 위해 함께하므로, 상황을 명확히 이해하고 다음 단계들을 결정하기 위해 의료진에게 궁금한 점을 물어보고 당신도 의료진에게 숨김없이 말하라.

부모 상담과 더불어 평가자는 아이가 자살 충동을 느끼고 말로 표현하게 만든 이유를 찾기 위해 아이만 단독으로 평가하게 된다. 전문가는 아이가 얼마나 오랫동안 그렇게 느껴 왔는지, 무엇이 자살 충동을 일으키는지, 정말 죽고 싶은지를 비롯해서 자살에 대한 생각과 감정에 관해 매우 구체적으로 물어볼 것이다.

또 자살 계획을 실제로 세웠는지, 그 계획을 실행할 수 있는 물품을 구할 수 있는지에 대해 질문을 받을 것이다.

이때는 매우 감정적인 순간이므로, 상황이 진정되었을 때 참고할 수 있는 메모를 하면 좋다. 평가자가 중요한 정보원이라고 생각하는 모든 사람과 만나고 나면, 아이를 안전하게 지키기 위해 적절한 다음 단계 결정이 내려질 것이다.

Q: 아이가 짜증을 내거나 화가 폭발할 때 반복되는 행동을 발견했는데, 예를 들어 아이는 일단 진정이 되면 몹시 배고파합니다. 그것이 무슨 의미일까요?

A: 의사로서 나는 환자가 어떤 정신 질환이라고 진단하기 전에 그들이 의학적으로 별문제가 없는지 확인한다. 이는 그들이 정신 질환의 형태로 나타나는 의학적 문제가 없다는 것을 확실히 하기 위해, 건강 검진과 혈액검사를 받고 반드시 그 절차를 완료해야 한다는 것을 의미한다. 이 질문에서는 짜증 나고 화나는 게 먼저이고 배고픈 게 나중이므로, 저혈당증이 아이가 짜증 내는 것을 어느 정도 설명해 줄 것으로 보인다. 저혈당증은 누구라도 짜증 나고 화나게 할 수 있다. 그러므로 아이가 매일 규칙적으로 알맞은 영양분을 섭취하게 한 다음, 부정적인 행동이 없어지거나 적어도 약간이라도 줄었는지 살펴보라.

Q: 아이가 매우 슬프고 우울한 것 같은데, 아이에게 약이 필요한지 어떻게 알 수 있을까요?

A: 아이의 정신 건강적인 측면에서 의문이 있거나 걱정이 될 때, 특히 아이가 약을 복용해서 도움이 될지의 여부와 관련해서는 어떤 치료나 특정 약을 찾기 전에 포괄적인 평가를 실행하는 게 중요하다. 따라서 적절한 전문가가 필요하며, 아이들을 위해서는 소아청소년 정신과 전문의가 정신 건강 문제의 적임자다. 그들은 당신의 모든 질문에 답하기 위해서 필요한 검사를 실시하고 아이를 위해 약 처방이 포함된 치료 계획을 수립할 것이다.

어쩌면 소아과 전문의나 일반 주치의에게 진료를 먼저 받고 이후 정신과 전문의에게 의뢰하도록 요구할 수도 있다. 전문가에게 가기 위해 어떤 경로를 거쳐야 하든, 충분히 그럴 가치가 있다.

Q: '아이를 존중하라'는 말은 무엇을 의미하나요?

A: 아이가 부모보다 어리다고 해도, 존중은 관계에서 중요한 부분을 차지한다. 아이는 존중받을 자격이 있고 존중받기를 요구한다. 그들이 존중받지 않거나 그렇다고 느낄 때, 당신에게 직접 말하지는 않더라도 그 사실을 좋아하지 않는다는 것을 틀림없이 보여 줄 것이다. 부모는 아이를 제시간에 데리러 가거나 내려주고, 전에 한 약속을 끝까지 지키며, 말하기 힘든 사실에 대해서도 솔직한 답을 주고, 문제가 무엇이든 차분한 방식으로 대하면서 아이를 존중해야 한다. 이 모든 것은 당신이 아이를 존중하지만, 동시에 여전히 아이를 훈육하고 이끄는 부모라는 사실을 보여 주는 방식이다.

Q: 아이가 온라인 게임 속 친구들에 빠져 있는데, 충분히 사회화되고 있는지 어떻게 알 수 있을까요?

A: 불행히도 팬데믹은 아이들이 온라인에서 훨씬 더 많이 살도록 만들었다. 그들이 온라인에서 게임이나 다른 수단을 통해 상호작용하고 있는 친구가 있을지라도, 그것이 아이에게 필요한 대면 사회화in-person socialization를 온전히 대체하지는 못한다. 따라서 지금 아이가 사회성의 관점에서 친구를 직접 만나는 것보다 온라인에 머물기를 선택하고 있다면, 당연히 걱정해야 하고 바로잡아야 한다.

아이가 불행히도 온라인에 있는 것이 너무 편해서 대면 사회화에 저항한다면, 그것을 위험신호로 여겨라. 서서히 아이를 사회에 재통합시켜야 하고, 아이가 용기를 내어 집에서 나올 때 나타나는 사회적 불안이나 분리 불안도 함께 해결해야 한다. 자신에게 무슨 일이 일어나고 어떤 감정을 느끼며 왜 그런 감정을 느끼는지 아이가 이해하게 하는 것은 그 감정을 극복할 수 있게 도와주는 핵심이 될 것이다. 일단 아이가 실제 세상으로 나와 사회화를 시작하면, 한때 친구들과 함께했을 때의 좋은 점을 빠르게 깨닫고 기억할 것이다. 아이가 사회화에 계속 저항한다면 정신과 전문의의 도움을 구하거나 주치의와 상의해야 하는데, 이는 아이의 불안 장애를 다룰 전문적 접근법이 필요하기 때문이다.

Q: 아이들이 팬데믹 이후 학업을 소홀히 하는 경향이 있습니다. 온라인 수업을 하면서부터 그렇게 됐는데, 학습 의욕이 다시 돌아오지는

3부 새로운 시작과 새로운 검사

않고 있습니다. 배움에 대한 열정에 다시 불붙이고 뒤처진 부분을 따라잡으려면 어떻게 해야 할까요?

A: 유감스럽게도 많은 부모가 비슷한 생각을 하고 있다. 팬데믹 이후 아이들이 학업과 사회적인 면에서 동기부여를 받는 일이 줄어들었고 교육에 중대한 공백이 생긴 것은 사실이다. 대면 수업이 중단된 기간 동안 아이들에게 일어난 퇴보를 구체적으로 보여 주는 자료도 발표되기 시작하고 있다.

이럴 때 당신 자신이나 외부의 도움을 받아 아이들의 교육을 지원하고 보충할 기회나 수단이 있다면 유용할 것이다. 하지만 아이의 학습 의욕이 진짜 결여되어 있다면, 가장 먼저 할 일은 배우고자 하는 바람을 다시 불어넣는 것이다. 팬데믹 이전에 아이의 학습 및 동기부여의 수준이 어땠는지 떠올리고, 팬데믹 이후에 어떻게 변했는지를 정확히 찾아내도록 노력해서, 교육의 어떤 측면에 가장 관심을 가져야 하는지 알아내야 한다. 교육에 대해서뿐만 아니라 학교에서 아이들에게 영향을 줄 수 있는 삶의 다른 영역에 대해서도 정보를 수집할 수 있도록 SWEEP를 시작하라. 이것은 아이의 욕구를 다루고 그들 삶의 전반적인 면과 특히 교육에서 관심의 불을 다시 붙일 중대한 시작점이다.

Q: 육아 분담은 힘들고, 결혼도 마찬가지인 것 같습니다. 지속되는 결혼과 그렇지 못한 결혼 사이에 가장 큰 차이는 무엇인가요?

A: 내 생각에는 그것은 결국 의사소통의 방법으로 귀결된다. 어떤 사람이 효과적으로 소통하고 존중하는 법(이제는 이해하는 것

처럼 부모가 본보기가 되어 줬던 방법)을 알면서 데이트에 나온다면, 관계에 필요한 양보와 타협을 모르고 차분하며 존중하는 자세로 의사소통하는 법을 모르는 사람과 큰 차이를 보이며 앞서서 관계를 시작할 것이다. 그렇기는 하지만 배우자와 하는 상호작용을 기꺼이 배우고 조절하려는 사람에게 이런 방법들을 가르쳐 주면서 실행하게 할 수도 있다. 여기에서 핵심은 자발적으로 해야 한다는 것이다. 그런 경우라면 그 결혼은 오래 지속되는 범주에 들 것이다. 부부의 사이가 나빠지기 시작하면 의사소통이 반드시 필요한데, 나는 그 의사소통의 극히 중요한 부분으로 정서적·신체적 친밀감을 포함시킨다. 결혼이나 어떤 관계에서든 힘든 시기가 닥칠 때, 몸에 밴 다정함과 효과적인 의사소통과 더불어 사랑하는 마음으로 배우자에게 다가간다면 폭풍 같은 어려운 시기를 무사히 견뎌 낼 수 있다.

날마다(바로 그거다, 정말 매일!) 하루의 끝에, 특히 다른 때보다 좋지 못한 대화가 오갔던 날에는 배우자와의 사이에서 남은 상

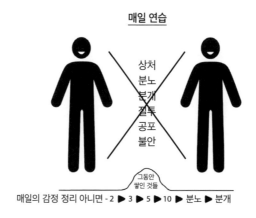

매일 연습

상처
분노
분개
갈등
공포
불안

그동안
쌓인 것들

매일의 감정 정리 아니면 - 2 ▶ 3 ▶ 5 ▶ 10 ▶ 분노 ▶ 분개

3부 새로운 시작과 새로운 검사

처, 분노, 공포, 불안, 분개를 떠나 보내야 하며, 아니면 당신의 결혼은 엄청난 대가를 치를 것이다.

Q: 위기가 닥칠 때 가족이 흔히 하는 실수는 무엇인가요?

A: 나는 가족이 서로 이기기 위해서 분열되는 것을 자주 보는데, 절대 그러지 말아야 한다. 위기의 순간에 비난하기, 흠잡기, 탓하기가 들어설 여지는 없다. 그렇게 하는 것은 가족을 잘못 이끌고 주의를 딴 데로 돌리게 할 뿐이다. 겪고 있는 문제를 자극하는 가족 구성원이 1명 있을지라도, 가족으로 뭉칠 수 있게 노력해야 한다. 어느 1명에게 냉소적이거나 손가락질하거나 부당하게 대할 시간이나 에너지가 없다. 당신은 가족의 리더로서 어떤 감정을 느끼든 구성원들을 지지해야 하며, 그것이 더 강해지고 가족을 온전히 지키면서 위기에서 벗어나는 유일한 방법이다. 양육을 분담하는 배우자가 있다면, 각자의 강점을 바탕으로 분명히 정한 역할을 맡아야 한다. 나는 또 감정이 격해지는 가족들도 본다. 이해가 되기는 하지만 특별히 도움이 되지는 않는다. 많은 압박을 받는 상황에서 명확히 볼 수 있는 유일한 방법은 감정을 통제하고 진정하는 것이다. 부모가 벗어나서 살펴보게 된다면 열기를 식히고, 80%의 감정과 20%의 논리 같은 불균형이 아니라 50%의 머리와 50%의 가슴으로 의사소통할 수 있게 될 것이다.

Q: 가족을 나아지게 만들기 위해 부모가 가장 바꿔야 하는 한 가지가

있다면, 그것은 무엇일까요?

A: 부모들에게 자신의 아이가 되었으면 하고 바라는 그런 사람의 본보기를 보여 주라고 말하고 싶다. 당신이 소중하다고 선언하고 아이들이 그에 따라 살기를 원하는 가족의 가치를 떠올려 보자. 당신은 그에 부합하는 방식으로 살고 있는가? 나는 부모들이 아이가 그들의 마음에 들지 않는 사람이 되어 가고 있다는 한탄을 종종 듣는다. 당신이 자신에 대해서 가장 마음에 들지 않는 점을 아이의 자질에서 보는 것은 가능한 일이다. 따라서 거울을 보고 자신의 과거와 현재를 곰곰이 생각한 후 자신과 아이를 위해 필요한 변화를 취하라. SWEEP를 기본 체계로 삼아 본보기를 보여라. 진심으로 말하지만 당신의 역할 모델하기는 SWEEP에서 시작되고 삶의 모든 측면을 포함하기 위해 확대될 것이다. 당신은 당신의 아이에게 가장 큰 영향력을 가진 역할 모델이다!

결론

부모와 3명의 손위 형제자매와 사는 14세, 9학년생인 졸린을 만나보자. 그녀는 성적이 늘 평균인 학생으로, 특별 활동이나 그 외 취미 활동에 거의 참여하지 않았다. 하지만 친구를 사귀는 데는 아무 문제가 없었다. 오히려 자주 단체 채팅방을 먼저 시작하고 채팅할 때 재미있는 틱톡 영상을 공유하는 편이었다. 부모가 눈치챈 첫 위험신호는 졸린이 소셜 미디어에 게시물을 올리지 않는다는 사실이었다. 원래는 그것이 그녀의 일과였다. 딱 꼬집어 말하기 어려운 변화였고, 어찌 보면 긍정적이기도 했지만 그럼에도 불구하고 눈에 띄긴 했다.

9학년 2학기에 들어 졸린은 학업 성적이 크게 향상되기 시작했다. 처음에 부모는 그저 기쁘기만 했다. 그녀가 성숙해지고 있으며 고등학교 성적이 미래에 얼마나 영향을 주는지 깨닫기 시작해서 학교생활을 더 진지하게 받아들이는 거라고 믿었다. 또 졸린은 부모가 잘 알지 못하는 새로운 10대 친구들과 어울리고 있었다. 부모는 아마 이 친구들이 좋은 영향을 주나 보다고 생각했고, 졸린이 고등학교 1학년 시절을 지내는 동안 더 많은 자유를 주었다.

그러나 곧 졸린의 부모는 이상한 불안감이 들었다. 부모의 직감보다 더 강한 것은 없다. 졸린의 엄마는 자신의 직감을 믿고 내게 상담을 요청했다. 그녀는 딸이 최근에 거둔 학업 성취, 소셜 미디어 사용의 감소, 새로운 친구들에 대해 이야기했다. 또한 딸의 수면량이 줄어들었다는 사실을 알아차렸으며, 그것은 내가 졸린의 부모에게 온 가족이 SWEEP를 하는 법을 일러준 직후에 확인되었다. 몇 주 후, 그들은 가족의 SWEEP 결과를 들고 다시 왔으며 가족 모두가 좋은 상태였다. 하지만 나는 졸린의 수면 습관이 불규칙하다는 사실에 주목했다. 세 번째 상담에서 우리는 졸린의 식욕이 없어지고 수면 주기가 더 파괴되었지만, 그럼에도 불구하고 흥미롭게도 성적은 여전히 올라가고 있다는 것을 알 수 있었다. 이런 위험신호를 파악한 나는 졸린과 일대일로 만났다.

졸린과 나는 그녀의 SWEEP에서 일어난 변화에 대해 대화를 나누었다. 그녀는 최근의 학업 성취를 비롯한 여러 변화에 대해 많은 이유를 설명했지만, 내가 보기에 그 이유들은 앞뒤가 맞지 않았다. 그래서 그녀에게 혈액검사가 포함된 건강검진을 받게 했다. 나는 더 깊이 파고들기 전에 특히 현재 상황에서 배제해야 할 갑상선 질환, 빈혈 등 질병 자체를 감추고 정신 건강의 문제로 보이게 하는 의학적 문제가 있는지 살폈다. 또한 그녀의 강점과 욕구를 평가하고 학습 환경이 그녀에게 적합한지 확인하기 위해서 일련의 심리교육 평가를 실시했다.

2학기가 시작되고 몇 달 후 어느 아침, 졸린은 집에서 가방을 가져가는 것을 잊어버렸다. 그녀는 엄마에게 전화해서 학교에 가져다

줄 수 있는지 물었다. 엄마가 가방을 들어 올렸을 때, 지퍼가 완전히 닫히지 않은 가방에서 전자 담배가 떨어졌다. 그녀는 학교에 가방을 가져다주면서 자신의 발견에 대해 아무 말도 하지 않았다.

그날 오후에 졸린의 부모는 생각을 모으고 10대 딸과 나눌 대화를 위해 각본을 적은 후 졸린과 대화를 시작했다. 졸린은 겨울 방학 이후 담배를 피웠으며, 겨울 방학 때 친구 가운데 1명이 전자 담배를 펴 보라고 주었다고 했다. 그녀는 담배를 피울 때 기분이 좋아지는 것을 알아차렸고, 전자 담배를 피기 시작한 이후 집중력과 주의력이 더 좋아지면서 전반적으로 더 행복해졌다고 말했다. 그녀는 담배를 구입해 줄 누군가를 찾았으며 매일 피우기 시작했다. 부모는 둘 다 왜 졸린이 전자 담배에 의지하게 되었는지 분명히 알기 어려웠지만, 담배가 그녀에게 이롭다고 그녀가 느끼는 이유를 이해한다는 점은 인정했다.

우리가 모두 만난 다음 상담에서 나는 졸린과 부모에게서 최근 일어난 모든 일에 대해 자세히 들었다. 나는 몇 차례 SWEEP의 과정을 살펴볼 기회가 있었고 행동의 발전에 대해 더 잘 이해하고 있었기 때문에, 졸린의 성적 향상과 전반적인 행복감의 증가가 사실 전자 담배와 연관되어 있다는 것을 알 수 있었다. 니코틴은 각성제이다. 니코틴, 리탈린, 암페타민과 같은 각성제는 주의력 결핍증이나 주의력결핍 과잉행동장애와 같은 주의력 장애를 치료하는 데 쓰인다. 졸린이 잘 알지도 못하면서 스스로 우연히 발견했던 것은 그녀가 가지고 있었던 집중과 주의력의 문제를 스스로 치유할 수 있는 방법이었다. 나는 각성제가 집중하는 데 어려움을 겪는 사람들에게 그와는 반대로 작용해서 집중력을 증가시켜 주고 차분하지 못한 특성을 줄여 준다고 설명했다. 일단 우리가 니코틴이 졸린에게 미치는 영향에 대해 이해하고 나자, 그녀에게 건강한 치료 계획을 찾기 위한 과정을 밟을 수 있었다. 정밀검사는 그녀에게 걱정할 만한 문제가 없다는 결과를 보여 주었지만, 심리 교육 평가는 주의력 결핍 과잉행동장애 진단을 내렸다. 우리는 학습 환경을 만들기 위해 학교와 협의했으며, 졸린의 부모는 체계적이고 실행력 있게 추가적인 외부의 지원을 제공할 수 있었다. 또한 나는 졸린에게 각성제를 처방하고 니코틴의 모든 사용을 중단하라고 권고했다. 졸린의 엄마에게는 아무리 겉보기에 사소한 위험신호가 발견되어도 직감을 믿으라고 권했다. 졸린의 니코틴 중독은 간과되면 심해지고 성장기의 중요한 시기에 더 많은 문제를 일으킬 수 있기 때문이었다.

나는 당신 역시 위험신호를 잘 살펴봐야 한다고 말하고 싶다. 예를 들어, '정상적인' 10대의 행동과 위기에 처한 10대의 행동 사이에는 분명히 차이가 있다. 위험신호를 감지할 수 있도록 현재 상태에 만족하지 말고 그들이 보여 주는 미묘하거나 그다지 미묘하지 않은 변화에 주의를 기울여야 한다. 아이의 나이에 상관없이, 적극적으로 경청하고 진심 어린 의사소통을 계속 이어 가며 주기적으로 SWEEP를 해야 한다. 균형 있는 부모로서 행동하고, 한계를 정하고 본보기를 보여 주며 아이의 안전과 영속성을 최우선적으로 생각한다면, 가족의 가치를 온전히 유지하면서 어려운 시기를 극복할 수 있다. 나는 당신이 부모 역할의 여정 어디에 있든, 파괴적인 순환을 끊고 마음의 짐을 버리며 새로운 선례를 만들고 가장 소중하게 간지하는 가치에 부합하는 삶을 살 수 있다고 확신한다. 당신과 아이들과 가족을 위해서 너무 늦은 때란 없다.

이것은 세상에서 가장 힘든 일이지만, 우리는 세상에 이보다 더 열심히 노력해야 하는 가치는 없다는 것을 안다(그리고 팬데믹이 우리에게 무시할 수 없는 경각심을 일으켰기 때문에 지금은 어느 때보다 더하다). 어떤 사람들에게 코로나19는 가족 체계를 뒤흔들었던, 사랑하는 가족, 직업, 집의 상실을 의미했다. 코로나19 이전에도 특별히 상황이 좋지 않았었다면, 지금은 훨씬 더 나빠졌을 것이다. 처음부터 불안정한 기반 위에 세워졌을지도 모르는 가족 구조는 지금 흔들리고 있으며 많은 경우 붕괴되었다. 상상조차 하기 힘든 시기를 견딘 후 우리 모두는 리셋 버튼을 누르고, 우리가 어떤 사람이며 무엇이 진짜 중요한지에 관해 서로 같은 생각을 가질 기회를 얻었다. 지금은 변화할 때이고 변화에 필요한 도구는 갖춰져 있으며 바로 우리 손 안에 있다.

나는 당신과 당신의 가족을 돕기 위해 이 책을 썼다. 당신이 힘든 부모 역할의 순간에 맞서 싸우고 더 강해질 수 있는 도구를 갖기를 바란다. 또한 성장할 여지가 있는 곳을 알고 달성할 수 있는 목표를 세우며, 어린 시절 꿈꿨던 가족을 꾸리고, 행복과 화합을 당신의 것으로 만들기 위해 노력할 것을 믿는다. 당신의 삶은 물론 다가올 많은 세대까지 이어질 가족의 가치를 밝혀내기 위해 깊이 파고들 도구를 갖기를 원한다. 우리는 아이와 함께 시간을 보내고 위험 신호를 알아차리는 법을 배우며, 아이들이 우리에게 바라는 기술을 개발하는 방식을 변화시켜서, 그들이 번영하는 데 필요한 안전과 영속성을 제공할 수 있어야 한다. 이 책에서 공유한 도구들은 기본적이고 쉬워 보이지만, 나는 그 방법들이 변화를 가져오므로 반드시 필요하다고 확신한다. 현재 가족의 상황이 어떻든 당신이 그 기초를 아이에게 어떻게 제공할지 자세히 살핀다면, 상황은 언제나 좋아질 것이다.

얼마 전에 나는 고등학교 2학년 아들이 팬데믹 기간 내내 너무 고립된 나머지 다시 세상 속으로 돌아가는 것을 힘들어한다는 한 가족과 영상 통화를 했다. 그 부모는 자기 통제와 자기 인식도 부족했지만, 그들이 이를 인정하고 리셋 버튼을 누르지 않는다면 상황이 얼마나 위태로운지도 잘 알지 못하고 있었다. 물론 그들만 그런 것이 아니다. 수많은 자료들이 우리가 얼마나 많은 방식으로 아이들을 엄청난 충격 속에 내버려 두는지 보여 준다. 소아청소년 정신과 전문의로서 나는 학대, 방치, 고립, 불안, 우울증, 자살경향성의 비율이 증가하는 추세에 너무 괴롭다. 의사이자 부모로서 나는 중요한 지식과 기술 습득과 사회화를 놓치고 있는 이 시기의 아이들의 미래에 대해 우려하고 있다.

최악의 상황이 이어지고 있으므로, 해야 할 일 역시 긴급하다. 18세 이하 아동 및 청소년의 자살 시도 횟수가 급증하고 있다. 개인적으로 한 달에 3~4회 청소년을 중독 치료 시설에 보내 왔으니, 나라 전체로 확대하면 얼마나 충격적일지 상상할 수 있을 것이다. 매일 나는 남아 있던 가족의 가치가 무너져 알아볼 수 없게 되고 실재하지 않는 지경에 이르러서, 갈 곳을 잃어버린 가족을 점점 더 많이 본다.

부유하든 가난하든, 결혼했든 이혼했든, 아이가 1명이든 6명이든, 은행가이든 농부이든, 좌익이든 우익이든, 깃털형 부모이든 독재자형 부모이든, 알코올 의존자이든 실업자이든, 아이를 사랑하는 부모이든 제 역할을 못하는 부모이든, 동성애자이든 이성애자이든, 안정된 가정이든 위기 속 가정이든… 당신이 어떤 사람이든, 어디에서 왔든, 어디로 향하든 메시지는 같다. 부모는 아이를 파괴하는 문제의 해답이다. 그게 바로 당신이다.

엄청난 노력이 필요한 것처럼 들리지만, 내가 당신에게(그리고 당신이 스스로에게) 기대하는 것은 훈육과 헌신과 기꺼이 하려는 마음이고, 그것은 오직 당신만이 해낼 수 있다. 다시 말하지만 최소한 어느 방향으로 향하고 어디서 끝내고 싶은지에 대한 생각 없이 여행을 떠날 수는 없는 일이다. 당신의 가장 중요한 실체인 가족이 로드맵과 계획을 가지는 것이 마땅하지 않겠는가? 로드맵과 계획이 얼마나 긴급하고 중요한지 설득할 뿐만 아니라 행동에 나서라고 격려하고 있기를 바란다.

수많은 가족이 낙심하거나 좌절하거나 두렵거나 에너지가 고갈되거나 아니면 자주 이 모든 감정을 한꺼번에 느끼면서 나를 찾아온다. 그것이 내가 만든 SWEEP 방법이 당신과 당신의 아이들에게 반드시 필요한 요소가 되게 하는 이유다. 어디에서 시작할지 모르거나 경로를 너무 멀리 벗어났다고 생각할 때나 상황을 바꾸기에는 너무 늦어서 두려울 때, 시작을 위해 신뢰할 수 있는 한 가지 방법, 즉 SWEEP가 있다. 매일, 매주, 매달, 아니면 적당하다고 생각되는 때는 언제나 SWEEP를 할 수 있고, 모든 가족 구성원에게 일어나고 있는 일을 파악하기 위해서는 무슨 일이든 할 수 있다. SWEEP는 노력할 구체적인 목표와 모두를 위해 건강한 결과를 낼 수 있게 해 주는 확실한 경로를 제시한다.

다음 장애물이 무엇이든(우리 모두가 다음이 있다는 것을 안다), 주 변을 둘러보고 장애물을 피해 앞서 나가거나 무엇보다도 탄탄한 기 초를 바탕으로 맞서 싸울 수 있다. 서로를 평생 몸담게 될 가장 중 요한 팀으로 생각하면서, 가족의 로드맵을 화이트보드에 그려 보기 를 강력히 추천한다.

가족이 없다면 삶에 진정한 의미도 없다. 가족의 가치를 세울 기 회를 잡기에 이보다 더 좋은 이유가 있을까? 물론 당신이 이처럼 어려운 시기에 가족을 부양하기 위해 허리가 휠 정도로 일하고 있 는 것을 알지만, 당신을 포함한 모든 가족 구성원은 가족의 행복, 발전, 성공에 어떤 식으로 기여할지 분명히 이해하고 있어야 한다. 당신은 아이들의 자신감을 키워 주고 제대로 된 교육을 받도록 보 살피며 서로 마음이 통하고 그들 성장의 모든 부분을 지지해야 한 다. 동시에 삶의 본보기를 보여 주고 어떻게 의사소통을 할지와 같 은 가족의 기초를 다져야 한다. 당신이 바쁘다는 것을 안다. 나 역 시 그렇고, 그래서 당신을 이해한다. 그럴수록 더욱 당신은 지금의 방식을 멈추고 찬찬히 살피며, 지금 하고 있는 모든 일이 가족 구성 원과 함께 규정하고 공감할 수 있는 가족의 가치와 일치하는지 확 실히 해야 한다. 그렇다고 당신이 한 무리의 로봇처럼 날이면 날마 다 화이트보드에 적힌 내용을 상의하며 (그렇게 하면 확실히 상황이 분명하고 체계적으로 유지되겠지만) 가정을 꾸려야 한다고 말하는 것은 아니다. 하지만 이 책에서 다룬 작은 변화조차 아이들에게 당신이 항상 곁에 있고 참여하며 한 개인으로서 얼마나 많이 아끼고 신경을 쓰는지 진심으로 표현할 수 있다는 것을 보여 줌으로써, 아이의 인생을 바꿀 수 있는 영향을 끼칠 수 있다. 부담감에 벅차하지 말고 헌신과 일관성과 용기를 잃지 않으려 노력하며 그저 한 번에 한 걸음씩 나아가라. 예를 들어 당신의 삶이 혼란스럽고 다양한 방면에서 분주할지라도, 지금은 가족과 함께 앉아서 저녁을 먹기를 바란다. 일주일에 적어도 단 하루라도 한 사람도 빠짐없이 몸과 마음이 모두 함께하는 가족의 저녁 식사를 위해 노력하라. 가족의 저녁 식사는 그저 한 번의 기회일 뿐이지만, 서로에게 책임을 느끼고 그동안 쌓였던 서운함이나 분노를 가라앉히며, 숨은 문제를 해결하고 친밀감을 높이는 중요한 시간이다. 가족의 가치를 눈에 띄게 높여 주는 변화가 시작될 것을 나는 확신할 수 있다.

당신은 이 책을 읽으면서 이미 올바른 방향으로 향하고 있다. 하지만 가족의 가치를 실행하는 삶은 전념과 열정과 참을성이 끊임없이 요구되는 과정이다. 당신이 하는 가장 작은 변화도 분명 보답받을 것이다. 가족의 가치를 실행하는 것은 가족의 가치를 높여 주므로 변화의 과정은 되풀이되고 소중한 선물이 된다. 지금 당장 시작하고 다가올 세대에도 지속하라.

감사의 글

이 책의 처음부터 끝까지 우리 중 누구도 완벽해지는 것을 목표로 삼아서는 안 된다고 몇 번이나 말했다. 나 역시 내가 말하는 것을 부모와 저자로서 확실히 실행하고 있으므로, 나의 10대 아들에 대한 감사로 인사를 시작하고 싶다. 의과 대학생과 아동가족서비스국 책임자와 개업의로서 보낸 그 모든 세월조차, 우리가 함께 경험한 일들, 말로 다 표현할 수 없는 사랑, 아빠로서 헤아릴 수 없이 넘치는 자랑스러움에 대해 나를 준비시키지는 못했다. 고맙다, 아들아.

내가 작가로서 하는 역할이 특히 '완벽'과는 거리가 멀다 보니, 업계 최고 팀에게 지원을 받는다는 사실이 너무 다행이다. 우리의 첫 번째 페이스타임부터 900만 번째 문자와 자정을 넘긴 전화까지 레베카 라파엘, 당신은 나의 비밀 병기다(더 이상 비밀은 아니지만!). 뛰어난 언어적 재능을 발휘해서 내 글과 이 책에 활기를 불어넣어 준 점에 대해 진심으로 감사한다. 당신의 지칠 줄 모르는 몰입과 융통성과 비전에 감사하며, 그야말로 더 뛰어난 공저자를 찾을 수 없었을 거라 확신한다.

레아 밀러와 사이먼 엘리먼트의 전체 팀에게는 나의 지식과 경험을 전 세계 독자들에게 전할 수 있는 기회를 주고, 그들의 투철한 직업의식과 참을성을 발휘한 데 대해 감사를 표한다. (환자를 진료하면서 집필하느라 너무 늦어져서 죄송해요!) 그들의 지혜와 지지 덕분에 이 책이 많은 부모, 아이, 가족이 발전하는 데 도움을 줄 수 있게 되었다.

잰 밀러와 듀프리 밀러 앤 어소시에이츠의 재능 있는 팀원들에게 특히 고맙다는 말을 하고 싶다. 닥터 필은 그들이 정말 뛰어난 능력자라고 내게 소개했는데, 나는 모든 면에서 그 이상이라고 생각한다. 그들과의 협업이 이 프로젝트를 출발선에서 결승선까지 올 수 있게 했다.

지난 10년 동안 닥터 필 쇼 제작진의 일원이 되어 함께한 것은 정말 행운이었다. 실제 이야기를 흥미진진하고 시기적절하며 심지어 삶을 변화시킬 내용을 담은 에피소드로 매회 계속해서 제작하는 능력에 그저 놀랄 뿐이다. 최고의 프로그램에 참여시켜 준 칼라 페닝턴과 닥터 필 쇼 제작팀에게 무척 감사한다.

필, 나는 지금껏 인생을 다 안다고 생각했는데, 당신을 내 멘토로 삼고서야 비로소 우정과 존중의 깊이를 알게 되었다. 나를 믿어주고 내가 다른 사람을 도울 수 있도록 해 준데 대해서, 무엇보다도 당신이 더 나은 삶으로 변화시켜 준 수많은 사람을 대신해서 감사한다. 우리 모두는 당신이 닥터 필이 되어 우리에게 주는 모든 것의 수혜자다.

마지막으로 나를 당신들의 삶에 기꺼이 받아들여 준 모든 부모와 아이들에게 깊이 감사드린다. 나는 당신들을 보고 당신들을 믿는다. 가족을 형성하고 깊이 이어질 '가족의 가치'를 반영하는 유산을 만드는 데 이 책과 함께 언제나 당신의 동반자가 되기를 희망한다.

감사의 글

부모가 변해야 아이가 바로 선다
단단한 가족 만들기

초판 1쇄 인쇄 | 2025년 4월 20일
초판 1쇄 발행 | 2025년 4월 25일

지은이 | 찰스 소피
옮긴이 | 권은경
펴낸이 | 조승식
펴낸곳 | 도서출판 북스힐
등록 | 1998년 7월 28일 제22-457호
주소 | 서울시 강북구 한천로 153길 17
전화 | 02-994-0071
팩스 | 02-994-0073
인스타그램 | @bookshill_official
블로그 | blog.naver.com/booksgogo
이메일 | bookshill@bookshill.com

정가 17,000원
ISBN 979-11-5971-608-9